A REALIDADE NÃO É O NOSSO QUINTAL

Ricardo Lengruber

In Media Res

A REALIDADE NÃO É O NOSSO QUINTAL

Uma abordagem crítica sobre
SOCIEDADE, POLÍTICA E RELIGIÃO

Ricardo Lengruber

Ensaios - 2019

In Media Res

In Media Res

Capa e projeto gráfico: In Media Res Editora
Diagramação: In Media Res Editora
Revisão: In Media Res editora

Dados Internacionais de Catalogação na Publicação (CIP)

L566r
Lengruber, Ricardo
A realidade não é o nosso quintal/ Ricardo Lengruber Lobosco - 1ª edição - Nova Friburgo - RJ:
In Media Res, 2019
140 p.
ISBN: 978-85-94016-16-4

1. Ensaios. 2. Sociedade 3. Politica 4. Religião I Título

CDU: 821.134.3(81)
CDD: 869.93

Educatoris Instituto de Educação Multidisciplinar Ltda
Rua Abdo Abi-Ramia, 81
28630-090 - Nova Friburgo – RJ
www.inmediares.com.br

Para os colegas professores e professoras que,
apesar de tudo, insistem em descortinar
a realidade.

[...] lembra o choque e a descrença provocados pela
revelação de Kant de que a realidade exterior
não é como geralmente a percebemos,
ou seja, nós é que constituímos a
realidade exterior por meio de
nossos constructos mentais?

(O enigma de Spinosa - Irvin Yalom)

SUMÁRIO

(*textos acompanhados por vídeos)

POLÍTICA

RELIGIÃO

INTRODUÇÃO

DE DENTRO DO FURACÃO

A história é dinâmica. Mutante. Há épocas de efervescência cultural e científica. Tempos como os da Grécia clássica, os do Iluminismo, ou ainda os da Revolução Cultural em torno dos anos de 1960. Há momentos, também, de águas paradas (ou mesmo de retrocessos). Séculos inteiros na Idade Média, por exemplo; ou os tempos coloniais aqui no Brasil. Na filosofia, nas artes, na política e na religião, avanços e recuos.

Nosso tempo, curiosamente, está também marcado por essas duas dimensões da experiência histórica. Assistimos a uma evolução exponencial em ciência, tecnologia, inovação e em produtividade, mas a marcha à ré está engatada e em alta rotação em aspectos outros que, há bem pouco, pareciam garantidos.

Temas relacionados à educação, aos direitos humanos, à ética, à teologia, ao feminismo, por exemplo, estão numa fase sinistra de recuos e perseguições. Há uma irresponsabilidade irrestrita em cena. Conquistas civilizatórias que deveriam estar no rol dos direitos fundamentais estão sendo tratadas com a superficialidade de governos e grupos incompetentes e tacanhos. A sensação que se tem é a de estarmos retroagindo à condição de irracionais.

Em nome do benefício próprio, o sentimento e as ações de solidariedade social estão escoando pelo ralo da história. Do jeito que a coisa anda, até a internet – símbolo maior do avanço tecnológico e da inclusão social – restará restrita e controlada, além da arena de conflitos que já é.

A sensação que fica é a de que, no fundo, evoluímos rápido

demais em termos racionais, tecnológicos e econômicos, mas não acompanhamos à altura no que tange ao espírito.

O tempo que denominamos presente é sempre complexo. Desde os primeiros lampejos de racionalidade, o ser humano olha para si e para seu momento histórico como o mais controvertido e de difícil compreensão. É o que ocorre hoje também.

Isso, porém, tem mais a ver com quem analisa do que propriamente com o momento analisado. É a dificuldade de quem vive e experimenta o seu tempo que o torna tão singular e tão complexo para ser compreendido. Olhar as coisas a partir da própria experiência é um desafio enorme. Tem seu lado positivo, sim, afinal, é a lente de quem prova na pele a realidade. Mas é também um esforço maior, porque não desfruta do distanciamento que as análises mais equilibradas demandam.

E esse é o grande desafio da reflexão crítica: um olhar de quem está dentro das situações e, por isso, muito mais suspeitas que vaticínios. Muitos episódios a respeito dos quais algumas análises tratam, se fossem promovidos em outro momento, teriam abordagens e conclusões diferentes. Nesse sentido, todas as reflexões que propomos estão sempre datadas e circunscritas. Não há verdades eternas e imutáveis.

O valor do pensamento reflexivo não está necessariamente na sua perenidade, mas na sua provisoriedade. Ou melhor: na sua transitoriedade. Uma espécie de reflexão que pondera sobre os fatos e os fenômenos da sociedade brasileira nesse início de século 21, por exemplo, mas sob a lógica de quem medita ao longo do caminho. De quem experimenta notícias e fatos novos a cada dia e tenta desvendar seus pressupostos comuns.

Até se pode dizer que os fatos que se seguem no futuro são, em algum sentido, resultados de análises e interpretações feitas sobre fatos anteriores. Por isso, auscultar hoje as análises de ontem ajuda a compreender caminhos e a fazer novas ou repetir escolhas.

No fim das contas, depois de passada nossa geração, como olharão para o nosso tempo aqueles que nos sucederem na aventura de analisar a vida? Quantas páginas nossa época ocupará nos livros da história? Suspeito que, talvez, não mais que a média, pois, com o distanciamento que o tempo dá, será possível espremer os fatos e deixar apenas o que é efetivamente relevante.

Para nós, no entanto, mergulhados no turbilhão do agora, resta-nos indagar, suspeitar, analisar, propor e questionar. Daí as muitas páginas que escrevemos são as muitas reflexões que nos inquietam.

É isso. Em "A realidade não é o nosso quintal", há, pelo menos, dois tipos de análises: as que são feitas no conforto do futuro que examina o passado (cujo valor está na sua conclusividade); e as que assumem o risco de olhar para o presente de dentro do furacão (cujo valor estará no seu acerto – que só o tempo revelará).

"

NÃO HÁ VERDADES ETERNAS E IMUTÁVEIS.

SOCIEDADE

1.OCUPAÇÃO: BRASILEIRO

O público é meu

...até Deus foi privatizado, no discurso de que ele é brasileiro.

As palavras dizem muito mais do que o costume de seu uso pode supor. "Brasileiro", por exemplo, é um caso interessante. O sufixo "eiro" não é a forma usual para gentílicos – que indicam a procedência ou a naturalidade de alguém. A forma correta dentro da norma seria "brasiliano", "brasilense" ou mesmo "brasilês".

A questão é que a palavra, ao nascer, designava uma ocupação (uma "profissão") e não uma origem. "Brasileiro" é o português que ganha a vida trabalhando no negócio "Brasil".

Nas palavras de Silveira Bueno: "No tempo colonial, 'brasileiro' era adjetivo que indicava profissão: tirador de pau-brasil. Como tal, sendo esses homens criminosos, banidos para o nosso país por Portugal, o adjetivo tinha significado pejorativo e por isto ninguém queria chamar-se 'brasileiro'."

Na origem, a verdade é que ninguém – por opção – se identificava como brasileiro; era, ao contrário, uma sina. Por isso, o desejo do brasileiro era sempre voltar para a "terrinha" depois de ter ganhado a vida na selva de além-mar. A relação dos primeiros brasileiros com essa terra tropical foi marcada fundamentalmente pela exploração, pela extração, pela expropriação.

No Brasil, forjou-se a lógica de que o Estado é o inimigo. O ideal é vencê-lo é isso se faz dilapidando-o às vísceras.

É essa, por exemplo, a porta permanentemente aberta para

as práticas de corrupção. O jeitinho brasileiro de lidar com a coisa pública passa necessariamente pela ideia de "levar alguma vantagem". (Tiradentes – herói reconstruído na república – foi, grosso modo, um sonegador de impostos.)

Talvez seja por isso, também, a lógica vigente de privatização do espaço público: o público é *meu* (diferente de *nosso*). Equivocadamente, enxerga-se essa dimensão pública como local da ausência de normas, do vale tudo, da impunidade; terra de ninguém, espaço do "salve-se quem puder". Dimensão do "sabe com quem você está falando?"

E é essa concepção, justamente, que leva a população a um profundo apartheid social: o abandono dos espaços e políticas públicos por parte dos mais ricos e o sucateamento dos mesmos para os mais pobres. Por aqui, público é sinônimo de ruim.

Salvo, é claro, no caso das isenções e dos financiamentos a juros subsidiados que mantêm nosso setor produtivo sem a competitividade que o capitalismo dinamiza em outros cantos. Até a livre concorrência por aqui é feita sob as bênçãos (e o prejuízo) do Estado, exceto, obviamente, quando o subsídio é para os mais pobres: aí vale a lógica cruel de uma falsa meritocracia.

Não sei bem qual é o caminho de superação desse ranço cultural depredador, mas, seguramente, ele passa por uma educação reformuladora dessas bases. Uma educação pensada sob a perspectiva da ética, da solidariedade e da sustentabilidade.

Não se pode, porém, cair no engodo dos discursos ditos patrióticos. Consciência política e cidadania são diferentes do sentimento feudal de pertencimento que discursos nacionalistas – de recorte militarista, por vezes – incentivam. São ideologias que alimentam fronteiras.

O desafio é, portanto, superá-las; todos os tipos de fronteiras – pessoais, nacionais e civilizatórias. Mas, ao mesmo tempo, incentivar os limites que a cidadania e a garantia de direitos impõem para serem estabelecidos entre o público e o privado. Só há sucesso pessoal se a coletividade toda tiver o mínimo de dignidade.

Fora isso – porque até Deus foi privatizado no discurso de que "Deus é brasileiro" – alimentaremos a lógica perversa do "cada um por si e Deus por todos".

Assista ao vídeo correlato ao assunto:

> "
>
> **ATÉ DEUS FOI PRIVATIZADO NO DISCURSO DE QUE ELE É BRASILEIRO.**

2. A MENTALIDADE MÉDIA

A sensação que se tem, com a profusão das redes sociais e das mídias em geral, é que nunca se pensou tanto quanto atualmente. E que nunca se leu e se estudou tanto também. Afinal, o que mais há por aí é opinião sobre tudo e o tempo todo. Suspeito, entretanto, que isso tenha mais a ver com uma necessidade de pertencimento do que propriamente com o esforço para compreender a dinâmica da sociedade e colaborar para sua melhoria.

A necessidade de pertencimento faz com que mergulhemos no universo de reflexões já prontas e as assumamos como nossas. Faz com que nos identifiquemos com um conjunto de valores e de ideias que congregam os indivíduos em grupos. Se, no passado, as confrarias e irmandades exigiam ritos de passagem e sinais visíveis do ingresso dos neófitos, as redes sociais demandam que determinados discursos sejam reproduzidos como símbolo da adesão de um sujeito a um grupo maior. Isso vale para religião, política e todos os temas sociais. Sem perceber, nós nos tornamos meros reprodutores de ideias preconcebidas. E é isso o que denomino aqui de mentalidade média.

A mentalidade média é uma espécie de cama sobre a qual nos deitamos. É um conforto e uma necessidade. Além de nos amparar, nos dá o sossego de não pensar o tempo todo. É aquele conjunto de ideias que repetimos inadvertidamente, uma espécie de terceirização do pensamento e da reflexão. É uma comodidade repetir o pensamento que já está pronto.

É claro que ninguém pensa a partir do zero. Há sempre pontos de partida. Referenciais a partir dos quais nos movemos. Bases teóricas, filosóficas, metodológicas e ideológicas. Isso, todavia, não significa reproduzir inadvertidamente ideias já prontas.

A mentalidade média, diferentemente, é a massa amorfa de ideias que povoam o imaginário da sociedade. É uma espécie de verdade universal pronta e acabada. É uma caixa de ressonância das notícias e dos memes aos quais somos submetidos diariamente. É, por óbvio, espontaneamente conservadora. Não se ocupa de refletir criticamente sobre a realidade. Tampouco intenta modificá-la. É apenas o lugar em que a razão se encontra com a preguiça.

A tendência, hoje e sempre, é que a mentalidade média domine o mundo. Domine discursos, ações e reflexões que patinam em torno de si. Há uma natural inclinação para o pensamento estático. Sem trabalho, sem reflexão, verdade pronta e acabada. Além de dar tranquilidade, ajuda na sensação de segurança e de eficácia.

Muito do êxito da mentalidade média tem a ver com a propaganda insistente sobre as crises. Sim, há crises sempre na ordem do dia. Mas hoje, mais do que nunca, a ideia de crise tornou-se um gatilho para a difusão de toda sorte de ação política, econômica, religiosa e social. Em nome do perigo da crise, tudo (ou quase tudo) se justifica. O discurso da crise se articula pelo medo.

Por isso, diante do precipício que a crise alardeia, quando o movimento natural tende a ser a paralisia, é próprio da mentalidade média – que ajuda a disseminar a ideia do caos – plantar as alternativas de solução da crise por meio do caminho fácil e das saídas simples. A propaganda da crise cria cansaço e esgotamento. A mentalidade média promove o conforto das saídas simplórias e heroicas.

Quem tem soluções simples tende a prevalecer. Afinal, uma

máxima dessa mentalidade é que para problemas complexos as soluções devem ser, necessariamente, simples. Não é uma questão de limitação da inteligência, mas de anestesia diante do caos.

Por isso, combater esse estilo de agir e pensar – esse lugar de preguiça e ingenuidade – é fundamental. Mais importante ainda é descortinar quem alardeia o caos; isso é estratégico para saber quem sai ganhando (e o que ganha) com essa letargia racional que domina grande parte da população. O medo é uma arma poderosa para que se justifique toda sorte de arbitrariedades. E a mentalidade média é a anestesia necessária a sua aceitação.

Hoje, urgentemente, o que temos como imperioso é pensar. E cuidar para que as ideias que julgamos como nossas não sejam apenas a reprodução de discursos enlatados que nos fazem engolir informações sem qualquer senso crítico.. Parece óbvio, mas esse é nosso desafio: pensar os próprios pensamentos.

Assista ao vídeo correlato ao assunto:

3.MERITOCRACIA: PRESERVAÇÃO DAS DESIGUALDADES

Em 1958, Michael Young, no livro "Rise of the Meritocracy", utilizou, pela primeira vez, o termo "meritocracia". O conceito tinha um sentido pejorativo: estava relacionado à ideia de uma sociedade segregada tendo como base dois aspectos: a inteligência e uma grande dose de esforço. De lá para cá, o termo só ganhou força e virou uma ideia fixa, dessas que parecem naturalmente certas, desde sempre.

Meritocracia é, literalmente, poder do mérito. Parte-se do princípio de que o processo de crescimento profissional e social é uma consequência dos méritos individuais de cada pessoa (de seu esforço e sua dedicação). De outra forma: meritocracia é um sistema de hierarquização e premiação baseado nos méritos pessoais. Por isso, as posições de maior valor econômico e social estariam condicionadas às pessoas que apresentam os melhores méritos (educacionais, morais, técnicos, profissionais).

De um ponto de vista estritamente baseado no resultado, há alguma lógica no processo meritocrático: cada um colhe o que planta.

O problema surge, no entanto, quando se questiona se se trata de um sistema justo de hierarquização, uma vez que a ascensão profissional ou social não depende exclusivamente do esforço do indivíduo, mas também, e acima de tudo, das oportunidades que esse indivíduo tem ao longo da vida. Convenhamos: há poucos com boas opções e muitos (a maioria) com péssimas (ou mesmo sem) opções. As pessoas com melhores condições financeiras, com acesso às melhores instituições de ensino e contatos sociais e profissionais exclusivos, têm maiores chances de conquistar uma posição privilegiada em relação àquelas que não tiveram esta mesma "sorte".

O incentivo ao crescimento pela premiação pode até ser positivo, sim. Estimula. Mas é óbvio que não se deve generalizar nem de um, nem de outro lado. Não adianta ter as boas oportunidades, caso não haja o mínimo de esforço e de vontade para aproveitá-las. O contrário, todavia, é mais cruel: sem oportunidade, nem que haja muito esforço, é tão simples (ou mesmo factível) que se alcance algum sucesso.

É exatamente aqui que reside a principal crítica à ideologia da meritocracia: não é o esforço pessoal o único fator que define o sucesso; há que se aprofundar mais a reflexão e se debruçar sobre conceitos mais complexos que estão presentes nas sociedades. Além disso, há que se questionar, sim, e sempre, sobre os métodos utilizados para a avaliação destes "méritos" e o porquê de sua utilização.

Se, em tese, meritocracia parece um conceito lógico, na prática, além de impossível de se aferir e implementar, os sistemas meritocráticos escodem posicionamentos ideológicos perversos.

O mais nocivo desses posicionamentos, seguramente, é o que naturaliza as desigualdades. Maquia a realidade de tal modo que o indivíduo se responsabiliza por sua situação (sem se aperceber dos condicionamentos sociais envolvidos) e, parado nessa condição, esmorece diante dos empecilhos que encontra, sem conseguir empreender a crítica necessária ao atual sistema social que aí está.

É por isso que há de se insistir no discurso da meritocracia não como modelo de gestão (inerte e apolítico), mas como uma bem-sucedida narrativa ideológica para manutenção de privilégios e garantia da letargia social.

As exceções sempre existirão e, na maioria das vezes, se deixarão capturar pela rede ideológica – passarão a funcionar como propaganda para que a multidão morra tentando. Semelhante ao que se faz com a loteria. E aí o que se vendeu como mérito termina como sorte. Ou, concretamente: má sorte.

Assista ao vídeo correlato ao assunto:

"

NÃO É O ESFORÇO PESSOAL O ÚNICO FATOR QUE DEFINE O SUCESSO.

4. EMPREENDEDORISMO, SUSTENTABILIDADE E RELIGIÃO

Duas dentre essas três ideias têm me incomodado bastante nos últimos tempos: empreendedorismo e sustentabilidade. Talvez seja só implicância. Mas desconfio que esses conceitos escondem mais do que revelam e transformam.

Sob a ideia do empreendedorismo, me parece, se escondem os pilares da ideologia que sempre nos dominou, desde os primórdios da tradição judaico-cristã: a lógica de que o mal existe porque o bem não encontrou lugar, ou, em outras palavras, a máxima que afirma ser o próprio indivíduo o responsável por seu sucesso e, por conseguinte, por seu fracasso, e a ideia de que tudo nos é possível, desde que haja esforço, foco e muita criatividade.

Parece coisa de religião (e acho mesmo que o empreendedorismo é o discurso de uma religião civil pós-moderna): a ideia de que a salvação depende, ao menos em parte, do indivíduo "salvo". Se não se tem sucesso é porque houve negligência.

Num cenário de desemprego, precarização de leis trabalhistas e tributos extorsivos, a melhor forma de manter as coisas como sempre foram é relativizar o valor do emprego, da legislação protetiva e do papel do Estado.

É claro que a sociedade requer inventividade e iniciativa, mas as ideias correntes do empreendedorismo são, a meu ver, subterfúgios da crise para escamoteá-la.

Não é diferente do que ocorre com a tese da sustentabilidade. Passa a mesma máxima ideológica ocidental e cristã: o mundo precisa de salvação. E essa redenção, em alguma escala, está nas mãos das pessoas.

O problema é que se fala muito em economizar água, consumir com consciência, reciclar resíduos e rever discursos. Mas o cerne mesmo dos grandes problemas ambientais planetários estão incólumes: os maiores emissores, os grandes produtores (que induzem ao consumo) e a indústria da propaganda permanecem intocáveis. Afinal, a economia precisa crescer.

Acontece que não dá pra acreditar num discurso que culpa as pessoas e exime o sistema. Não dá pra concordar que a minha lixeira mudará o mundo se o padrão de consumo e o sistema econômico (pautado no crescimento permanente) não forem rediscutidos. É como a religião: culpa o varejo; poupa o atacado.

É óbvio que se deseja salvar o planeta (?), mas não concordo com a tese de que seja sob o sacrifício dos pequenos, apenas.

Enfim, a religião (de que eu tanto estou próximo) é impressionantemente poderosa: é capaz de se esconder por trás de discursos aparentemente nada semelhantes ao seu, apenas para manter-se ditando comportamentos e padrões. Certo estava Jung: somos, em essência, seres religiosos; simbólicos. E como há poder nos símbolos!

*Duas observações finais:

1. Tenho críticas severas a determinadas formas e práticas religiosas. Mais ainda quando os discursos e as práticas são religiosos, mas não se assumem como tal. Isso é bem pior.

2. Há muita gente ganhando dinheiro à moda antiga, sob o discurso moderninho da religião, da sustentabilidade e do empreendedorismo.

5.HÁ QUE RECONSTRUIR

Não há quem negue a realidade preocupante que vivemos no que diz respeito ao meio ambiente. É lugar-comum a máxima de que habitamos um mundo que sofre cada dia mais, para nos fornecer os recursos que julgamos carecer. A se ter por modelo a forma de progresso e de consumo do mundo dito desenvolvido, os recursos naturais que o planeta provê são insuficientes para manter a vida de boa parte dos habitantes da Terra. Em outras palavras, é fato que a forma de vida que queremos ter não é a que podemos ter.

Diante disso, reinam duas preocupações: uma tem a ver com o modo de vida que construímos e outro tem a ver com o que podemos fazer para reverter o rumo das coisas.

Não é razoável que mantenhamos o rumo desenvolvimentista que tomamos, tampouco é plausível que persigamos a todo custo o progresso e o crescimento econômico como alvos indispensáveis das civilizações contemporâneas. Mas também há que se ponderar sobre a disposição de cada um de nós em abrir mão do conforto e do bem-estar que os avanços tecnológicos do mundo de hoje fornecem a cada indivíduo. Não há como entabular um discurso cínico e, simplesmente, culpar o progresso civilizatório, sem se levar em conta como éramos há cinco ou cinquenta séculos, como estamos hoje e como poderemos estar amanhã.

Talvez o que esteja em jogo, então, seja mais profundo do que a sedução com a qual o conforto dos computadores nos laça. Talvez haja um sentido mais radical na vida que ainda não conseguimos captar verdadeiramente. Mas que sentido é esse? Onde encontrá-lo? Como alcançá-lo?

De outro lado, estão as muitas iniciativas de reversão do quadro das coisas. De forma mais direta, as muitas campanhas de conscientização que invadiram os discursos sociais nas últimas décadas. Não faltam ONGs e filosofias de proteção ao meio ambiente e de preservação dos recursos naturais, porém, de modo geral (e correndo o risco de ser simplista), ou se peca pelo romantismo ingênuo ou pelo pragmatismo desencantado.

Em alguns casos, chega a ser risível a postura de determinados grupos preocupados com a salvação dos ursos panda nas florestas da China! Não que os pobres animais não tenham que ser alvo da preocupação de todos, mas o problema mora num discurso despolitizado e alheio às reais conexões que levaram a tal situação. Não basta levantar uma bandeira que apele ao sentimentalismo emocionado de crianças e jovens. É preciso mais que isso: talvez seja o tempo de compreender os problemas por suas raízes e combater os males pelas suas essências, sem falsas e descomprometidas pretensões.

Noutros casos, assusta o pragmatismo de setores que veem na natureza um arsenal de matéria-prima a serviço da civilização humana. Discursos escondidos sob a alegação de uma economia sustentável camuflam a ideia de que tudo deve seguir seu rumo como antes, mas com alguma preocupação ecológica de fundo (afinal, os tempos pedem tal comportamento).

Se, por um lado, há um romantismo ingênuo que torna a natureza um ente sagrado a ser venerado; de outro, há um pragmatismo demente que não enxerga a realidade finita e frágil do planeta que nos abriga.

Há que se reconhecer que há muita informação útil circulando sobre a questão e muitos pesquisadores sérios a serem aplaudidos por fazerem dessa questão um moto de seu trabalho. Mas deve-se, também, por os pés no chão e olhar ao redor a fim de reconhecer o quão pouco temos caminhado noutra direção que não a do romantismo ou do pragmatismo.

Intuo que a saída possa estar numa refundação dos valores da civilização contemporânea. Uma verdadeira quebra de paradigmas. Para isso, há dois caminhos que julgo imprescindíveis:

1)De um turno, uma releitura filosófica da realidade. Uma redescoberta dos fundamentos de nossa sociedade. Uma reflexão séria que olhe por trás das coisas e julgue com isenção as colunas políticas, éticas, econômicas e culturais de nossa forma de organização familiar, comunitária e social. Se a tarefa da Filosofia é compreender os fundamentos sobre os quais nos edificamos, talvez seja tempo de abandonar o exercício de mera repetição das lições do passado e ousar refazê-las sob a ótica da transformação. Nada que se constrói se faz sobre o nada; sempre há alicerces. Urge que se refaçam as fundações de nossa civilização. As reformas já cumpriram seu papel: falharam.

2)De outro turno, uma nova experiência existencial (por que não dizer religiosa?). Há em nós algo que nos transcende. Razão pela qual faz-se necessário pensar sobre a domesticação promovida pelas muitas instituições dessa força intrínseca. Vivemos um tempo em que uma nova Teologia é requerida. Uma reflexão sincera sobre a fé (e a partir dela); algo que permita ao indivíduo ser ele mesmo, sem os enquadramentos castradores das falsas instituições.

Talvez esteja na hora de reconhecer que precisamos menos dos velhos saberes de sempre e que devemos abrir as portas para novas formas de enxergar o mundo. Basta de ciência desprovida de coração e de política descomprometida com a ética. Basta de religião que não cultiva uma verdadeira espiritualidade e de filosofia que não pensa livremente sobre a vida. É tempo de reconstruir... desde os fundamentos.

> "
> **A FORMA DE VIDA QUE QUEREMOS TER NÃO É A QUE PODEMOS TER.**

6. SOBRE HOMENS E GALOS: QUANDO A DIGNIDADE É NOCAUTEADA

A sociedade ocidental é, em muito, subsidiária do legado romano. Direito, administração, engenharia e poesia são heranças importantes do império que dominou boa parte do mundo dito civilizado, na Antiguidade.

Somos, por outro lado, semelhantes aos romanos (e não apenas a eles) no que tange, também, ao apreço pela violência.

Só para se ter uma ideia, o imperador Tito, em 80 d.C., organizou em Roma, em honra do Coliseu, jogos que duraram cem dias. Num só dia, combateram três mil homens. Na geração seguinte, Trajano celebrou uma vitória militar com jogos que duraram cento e vinte e três dias, ao longo dos quais se mataram onze mil animais e combateram dez mil gladiadores, segundo consta.

O tamanho da multidão era proporcional à carnificina. O Coliseu de Roma tinha a capacidade máxima de cinquenta mil lugares, que se esgotavam rapidamente, sendo os espectadores homens e rapazes de todos os estratos sociais. As mulheres só eram permitidas na comitiva do imperador.

Para a elite, os jogos constituíam uma espécie de festa chique, na qual viam um trampolim social. Os senadores, mas em particular os imperadores, competiam na organização dos eventos mais suntuosos e memoráveis.

A roupa-equipamento do gladiador revelava o corpo de duas maneiras sugestivas: a maioria dos gladiadores tinha a cabeça oculta pelo capacete, o que significava que o combate não era ocasião para se observar as expressões de angústia ou de triunfo; segundo, lutavam com o tronco nu – que servia, não para o exibir, mas como símbolo de bravura positiva. O gladiador derrotado tinha de expor o peito a fim de receber o golpe final. Não podia pestanejar, hesitar, nem esquivar-se. Tinha, segundo Cícero, de receber o golpe "com o corpo inteiro".

Não bastasse toda a demonstração de poder do imperador exposta na grandiosidade dos jogos, nada ultrapassava o fato de, no final do combate (ante o apelo do gladiador vitorioso), ainda decidir-se pela vida ou pela morte do adversário. A multidão rugia dando sua opinião, e o imperador, mediante um mero sinal de mão (polegar para cima ou para baixo), decidia a sorte do derrotado.

Havia, por certo, uma verdadeira contemplação da morte. Um misto de erotismo e violência. Vale, a esse propósito, observar a tela *Habet!* (de Simeon Solomon)*, que retrata de forma contundente o momento da morte de um gladiador refletido nas expressões de desejo e de poder por parte das mulheres.

O que parece uma aula de História, todavia, tem se mostrado uma reprise às avessas de um fenômeno contemporâneo que tem feito muita gente dormir mais tarde. Nas madrugadas de sábado para domingo, temos sido prestigiados, no conforto do coliseu domiciliar, com sessões glamorosas de UFC.

UFC (Ultimate Fighting Championship) é uma organização americana de artes marciais mistas (ou MMA-Mixed Martial Arts). As lutas envolvem uma mistura de estilos como Jiu-Jitsu, Boxe, Wrestling, Muay Thay, Karatê e outras. Os lutadores combatem em 3 assaltos de 5 minutos cada, em um ringue de oito lados (octógono), fechado por uma grade.

Incomoda-me a popularidade desse suposto esporte. Pergunto o que faz tanta gente vibrar tanto com a exposição física e moral de seres humanos se dilacerando mutuamente numa arena borrada de sangue.

Curioso é que, em 1993, inspirado no vale-tudo brasileiro, o UFC foi o primeiro evento renomado da luta realizado nos Estados Unidos. Por permitir qualquer manobra entre os adversários (as únicas proibições eram morder e colocar os dedos nos olhos do oponente), o UFC apresentava lutas normalmente muito violentas, razão pela qual chamou a atenção das autoridades e foi banido de vários estados americanos.

Não sei exatamente o que faz alguém delirar e torcer ao ver uma pessoa ensanguentada cair sobre a lona. Pior ainda: o que faz empresas renomadas investirem sua marca e seus recursos no patrocínio de tal atrocidade.

Associar essa barbárie a esporte é outro verdadeiro absurdo. Não vejo como os valores do esporte – especialmente a civilidade – podem ser vistos nessa rinha de homens. Afirmar que não há violência em tudo isso – como insistem atletas e comentaristas – é, simplesmente, um acinte.

Considero ainda um contrassenso total que, no Brasil, sob a pena da Lei, se proíba a briga de galos, mas se incentive, na televisão aberta, essa verdadeira afronta à dignidade humana. Essas lutas estúpidas que são o tipo de atividade que não requer nada muito sofisticado: apenas truculência e falta de amor próprio – nada tão difícil de se encontrar, especialmente numa juventude desprovida de oportunidades, que vê nos ídolos combatentes da tevê um exemplo a ser alcançado para vencer na vida.

Reconheço, todavia, que deva haver, sim, um toque de erotismo nessa esculhambação toda. Do contrário, os romanos não proibiriam suas mulheres de ir ao Coliseu, tampouco haveria tanta popularidade, hoje, ao se testemunhar homens se agarrando erótica e ferozmente no octógono.

Triste, porém, é saber que há tanta energia dispensada nessa brutalidade. Melhor seria que tivéssemos nos dedicado mais às outras heranças romanas: preferiria refletir mais sobre o Direito em vez de torcer pela vitória do mais forte; preferiria ler ou ouvir mais Poesia a presenciar a gritaria de uma turba ensandecida pelos gemidos da dor.

Chega ser deprimente (para não dizer risível) a cena final: de um lado, um nocauteado sangrando inconsciente no chão; do outro, um troglodita de mãos ao alto agradecendo a Deus pela vitória.

Pelo menos, não há mais um imperador de polegar a postos para decidir sobre a vida e a morte dos adversários. Afinal, os tempos são outros, e não seria politicamente correto desconsiderar a dignidade do esporte da rinha de homens. Resta, apenas, lamentar.

Simeon Solomon
(1840-1905)
HABET! IN THE COLISEUM A.D.XC

7. DEMOCRACIA, INTELIGÊNCIA E HUMANISMO

Segurança pública não é exatamente uma ciência. É apenas uma forma de interação com um problema bem típico das sociedades urbanas, onde o conflito social emerge por conta da escassez de um lado e a possibilidade de acumulação de outro. O termo "segurança", aliás, já ganhou diversos sobrenomes, cada qual sempre sintonizado com a experiência histórica do momento. Por aqui já foi "segurança nacional" (regime militar) e "segurança cidadã" (governo Lula), para ficarmos apenas em dois exemplos mais ou menos recentes. Enfim, o conteúdo de uma prática sobre segurança é sempre algo essencialmente político, que tem a ver com ideologias e interesses muito bem demarcados. A contribuição do especialista deve fugir do objetivo de criar neutralidade. Segurança, numa perspectiva honesta e comprometida, é segurança dos direitos.

O cenário brasileiro na atualidade é grave. Há diante de nós a busca por mecanismos de superação que sejam, ao mesmo tempo, conciliatórios (porque carecemos de experiências seguras nessa travessia) e revolucionários (porque precisamos de coragem para uma ruptura radical).

Como sociedade, o desafio que temos diante de nós passa, necessariamente, pela superação da ideia de culpa (não somos bodes expiatórios) e salvação (não somos salvadores da pátria), e pela superação de três chagas que carregamos historicamente em nossa conformação social:

1) Em primeiro lugar, enfrentar o fato de que o Brasil ainda patina nas relações de vantagem e corrupção. Nossa relação com o Estado é predatória e dilapidadora. A lógica que prevalece é a do benefício privado em detrimento do direito da coletividade. Há uma profunda confusão entre público e privado no país. O combate à corrupção precisa ser permanente, inteligente e sem seletividade. A questão não é exclusivamente jurídica ou policial – trata-se de um desafio ético. E é por isso que investimentos em Educação estão na ordem do dia: sem isso não haverá qualquer perspectiva de mudança efetiva.

2) Em segundo lugar, há a urgente necessidade de ruptura com hipocrisias e sofismas. O Brasil não tem nada de cordial. Reina por aqui, infelizmente, a cultura de uma violência generalizada. Como escreveu Ilona Szabó: "... somos o campeão, o número um, em violência homicida. Uma em cada dez pessoas mortas ao redor do mundo é brasileira. Isso resulta em mais de 56 mil pessoas morrendo violentamente a cada ano. A maioria delas é de jovens garotos negros, mortos a tiro. O Brasil também é um dos maiores consumidores de drogas do mundo, e a 'guerra às drogas' tem sido especialmente dolorosa aqui. Cerca de 50% dos homicídios nas ruas brasileiras são relacionados a essa guerra. O mesmo vale para 25% dos presos". Ou assumimos que a política antidrogas vigente fracassou ou

nos afundaremos ainda mais numa guerra que só tem vítimas.

3) Por fim, mas não menos importante, enfrentar as imensas e intransponíveis desigualdades socioeconômicas. O Brasil sempre foi marcado pelo abismo que separa pobres e ricos. Abismo que inviabiliza qualquer mobilidade social efetiva. Abismo que torna ricos cada vez mais ricos e pobres cada vez mais pobres. Se, na década de 1960, Celso Furtado alertava para o fato de que 10% da população acumulava 45% da riqueza, hoje apenas 6 famílias acumulam o equivalente à riqueza da metade da população brasileira. Esse, definitivamente, é nosso maior e mais grave problema. É herança ainda do processo de escravização de pessoas da qual não conseguimos ainda nos emancipar. E não nos enganemos, o abismo de desigualdades é, ao mesmo tempo, causa e consequência da corrupção e da violência.

No esforço de superação dessas três chagas, três premissas são inegociáveis:

1) Democracia como princípio. Toda e qualquer transformação, para ser legítima, precisa partir de ampla discussão e de efetiva participação popular. Além do voto de dois em dois anos, é primordial a participação concreta da sociedade na vida comunitária. Há novas tecnologias que podem potencializar isso tudo.

2) Inteligência como requisito. Criatividade, inventividade e coragem. Fórmulas antigas que têm se mostrado ultrapassadas precisam ser superadas. Política é, em algum sentido, tecnologia. Uma espécie de habilidade para gerir o corpo social. Nesse sentido, como qualquer tecnologia, pode e deve ser atualizada.

3) Humanismo como ponto de partida e horizonte de chegada. O ser humano e seus direitos como valor inalienável de toda ação. O Estado, a Lei e as instituições existem para garan-

tir qualidade de vida e igualdade de oportunidades. Qualquer ação que não pressuponha respeito pelo indivíduo (todo e qualquer indivíduo) e pela coletividade (em toda sua pluralidade) precisa ser abandonada.

Tudo isso exige uma profunda revisão de conceitos e práticas. É preciso olhar para o nosso lugar. É a máxima do Tolstoi: "Se queres ser universal começa por pintar a tua aldeia". E para tudo isso: coragem. Coragem para ousar. Coragem para superar o medo. Afinal, alerta Mia Couto: "há quem tenha medo que o medo acabe."

8.COMPUTADORES E PICADEIROS

Uma das conquistas mais celebradas da civilização moderna é a, assim chamada, vida privada. Para um indivíduo de hoje, nada é, aparentemente, mais valioso que sua privacidade.

Mas essa é uma forma recente de ver as coisas. De início, o máximo que havia era uma diferenciação entre a esfera pública e a privada. No mundo Greco-romano, por exemplo, público é o que se referia à conduta política do cidadão na polis; tudo o mais, tudo o que não fosse de interesse da coletividade, se escondia sob a máscara da intimidade e da privacidade.

Também foram os mesmos antigos romanos os primeiros a ensaiarem o que classificamos modernamente de individualidade. O termo *persona*, que designava a máscara sob a qual o ator representava o seu papel, alargou-se para significar a posição do cidadão na vida jurídica, como sujeito de direitos e obrigações. É como se houvesse um papel a ser desempenhado pelo indivíduo na esfera privada e (outro) na pública.

O mundo medieval, por seu turno, tornou míope a visão dos

indivíduos sobre sua relação com a sociedade. O feudo tornou-se quase autossustentável e, como tal, encerrou em si um mundo próprio desvinculado de tudo e de todos. A vida doméstica ganhou muito mais espaço que a vida pública, o que não significou, necessariamente, mais direitos individuais.

Foi somente a partir do século XV que o mundo ocidental vergou-se com afinco sobre os direitos naturais dos indivíduos. Pensadores como Hobbes, Locke e Rousseau foram determinantes para a clareza quanto aos direitos à liberdade, à prosperidade, à segurança e à resistência à opressão. Além de seus desdobramentos mais imediatos como o direito ao voto e ao respeito da legalidade.

Em 1948, a Assembleia Geral das Nações Unidas promulgou a Declaração Universal dos Direitos do Homem, cujo sentido repousa, acima de tudo, em proteger os direitos e liberdades das pessoas além das fronteiras físicas dos Estados. Destaque deve ser dado ao Artigo XII: "Ninguém será sujeito à interferência na sua vida privada, na sua família, no seu lar ou na sua correspondência, nem a ataque à sua honra e reputação. Todo homem tem direito à proteção da lei contra tais interferências ou ataques."

Está claro que, com o avanço das formas de organização de nossas sociedades, ocorre também o desenvolvimento das maneiras de interpretar e salvaguardar os direitos das pessoas e das comunidades.

Mas, curiosamente, há um dado que parece contrariar tal lógica. Se, por um lado, há uma notável busca por intimidade e por direito à privacidade, por outro, impera uma espécie de vontade deliberada pela publicidade da vida íntima.

O mesmo mundo moderno que conquistou o direito à privacidade desenvolveu a tecnologia. E, no toante específico da tecnologia da informação, logrou possibilidades antes nunca vistas de comunicação. O que, aparentemente, é puro benefício, tem se mostrado uma teia labiríntica de exposições e usurpações da imagem de si e dos outros. As fronteiras entre o público e o privado parecem que voltaram a ser menos claras e mais difusas.

Interessa-me saber que energia move indivíduos a publicarem suas vidas na televisão e revelarem-se, descortinadamente, num *reality show* sensacionalista (perdoem-me a redundância). Isso talvez se explique pela indústria do entretenimento e das celebridades da última hora.

Mas o que dizer das redes sociais virtuais por onde circulam as mais íntimas informações dos indivíduos? Gente que levou séculos para ter sua privacidade assegurada pela Lei e que agora, voluntária e deliberadamente, expõe seu dia a dia por meio de fotos, vídeos, depoimentos, declarações, amigos, relatos, textos.

Talvez os psicólogos tenham fórmulas bem construídas para ajudar a entender o processo que se move por trás da personalidade que nos faz caminhar de forma tão ambígua entre o público e o privado. No entanto, me causa muita estupefação ver gente que parece amar ter a vida posta na vitrine como se fosse entretenimento para os outros.

Os romanos cultivaram o circo como espaço público para deleite individual e comunitário dos gracejos da vida doída de cada dia. Os internautas fizeram da rede picadeiro onde os palhaços são os próprios navegantes. Minimamente, curioso.

> "
>
> **AS FRONTEIRAS ENTRE O PÚBLICO E O PRIVADO PARECEM QUE VOLTARAM A SER MENOS CLARAS E MAIS DIFUSAS.**

9.CORRUPÇÃO E INSEGURANÇA. PROPAGANDA E OPORTUNISMO

Qualquer cidadão preocupado com os destinos de sua sociedade sabe que o combate à corrupção e o combate aos privilégios, na política e no judiciário, são temas relevantes, urgentes e necessários. Sabe que o Brasil é eivado de experiências de beneficiamento pessoal por conta dos cofres públicos. Não apenas financeiramente, mas também sob a perspectiva moral e ideológica.

Há que se ponderar sobre a que interesses essa onda de moralidade atende. E pensar sobre quem está, no atual cenário, ganhando com a criminalização da política e com o desencantamento da justiça.

Há também que se presumir, por óbvio, que não sejam nem políticos, nem juízes; muito menos "o povo" quem efetivamente ganha com o achincalhamento público das pessoas e das instituições. É preciso desconfiar de campanhas de desmoralização tão bem orquestradas de uma hora para outra. E refletir sobre o porquê de o herói de ontem ser o vilão de hoje.

De mesma forma, vemos uma indignação à solta por aí; uma onda de protestos (pelo menos no conforto das redes sociais) com a violência no país, no Rio de Janeiro, em particular. A razão existe: o estado está inoperante.

Mas é preciso questionar. O Brasil exterminou milhões de indígenas, massacrou até o limite da desonra multidões de pessoas negras escravizadas, coibiu suas revoltas populares com chumbo e sangue, resolveu seus embates políticos com ditaduras violentas, e é a terra em que são assassinadas 60 mil pessoas (negras e pobres, em sua maioria) por ano. Não dá, pois, para dizer que sejamos um exemplo planetário de cordialidade. Aquele adágio de que somos um povo ordeiro não passa de engodo. Violência e intolerância sempre estiveram por aqui.

Isso, porém, não justifica a violência nas ruas, mas ajuda a entender suas raízes e a desconfiar do porquê de somente agora haver tanto alarde sobre uma violência que nos assola há séculos.

Talvez essas duas questões – combate à corrupção e sensação potencializada de insegurança – tenham a ver com interesses maiores que não são exatamente as manchetes de jornal.

Interesses econômicos tais que tornam políticos, mídia, juízes e promotores meros operadores a serviço de si. Operadores que, quando esses interesses são ameaçados, são jurídica ou moralmente descartados, e a quem nós, ingenuamente, fazemos coro, sob o mantra de que se está moralizando o país.

É claro que corrupção nas contas públicas, as benesses do judiciário e a violência do tráfico de drogas são absurdos e precisam de soluções participadas por toda a sociedade. Há no país a necessidade de uma nova pactuação social. Mas é preciso considerar que há corrupções, privilégios e violências bem maiores e bem mais nocivos que sequer são tocados em nossos espasmos de moralidade.

Há que se pensar em setores estratégicos na economia mundial (energia, bens duráveis, tecnologia), no quanto as grandes (e poucas) corporações multinacionais estão interessadas em sua captura no país (o caso do pré-sal é emblemático), e no quanto os operadores de base (executivo, legislativo, judiciário e mídia) estão atendendo a esses interesses.

Não é só uma questão ideológica. Por mais que haja visões de mundo distintas e conflitantes entre si. E por mais que isso direcione a forma de agir dos grupos humanos, o fato é que a polarização política apenas anuvia a visão das coisas e desloca a discussão para focos que nem de perto ameaçam esses interesses.

No fundo, nossas discussões ideológicas (por mais cabíveis que sejam) não passam de uma peça necessária no esquema de desmonte do pouco que o país ainda tem.

Assista ao vídeo correlato ao assunto:

10.SOBRE HOMENS E CARROS

A relação entre pessoas e automóveis é muito curiosa. Poucos objetos promovem tanta sedução quanto os carros fazem com os homens (e "homens", aqui, é o gênero masculino, majoritariamente). O carro seduz porque é uma espécie de extensão do corpo. Dá a sensação de que o indivíduo se torna mais potente, menos lento, mais robusto, menos vulnerável.

A sedução passa, primeiro, pela potência do motor. Curiosamente, a unidade de medida dos motores dá-se pela quantidade de "cavalos de força". Nada mais sintomático! Uma alusão à masculinidade dos equinos e a força de seus corpos. Quanto mais cavalos um motor possui, mais virilidade sugere. Corridas de carro são mania mundial. A relação entre velocidade e masculinidade já mereceu estudos psicológico-comportamentais interessantes.

Para o psicólogo Francesco Albanese, que há anos estuda a psicologia do trânsito, é preciso voltar a Freud e à psicanálise. Por estar associado subjetivamente a atributos considerados viris, como velocidade e potência, o carro se presta melhor a um processo de identificação masculina. E onde há identificação, há projeção da própria personalidade. Não por acaso, o homem tende a revestir o carro de significados simbólicos, a ponto de humanizá-lo como se fosse uma mulher a ser amada.

O automóvel também seduz porque é uma espécie de extensão da casa. Enquanto homens procuram um modelo potente e veloz, mulheres querem um produto seguro e, de preferência, mais funcional. Eles fazem do carro o espaço do conforto e do sossego que querem no lar; espaço do descanso e do lazer de quem trabalha o dia todo. Elas preferem algo mais funcional e prático, como o fazem também em relação à casa, já que, via de regra, têm jornada dupla de trabalho.

Em geral, o homem dedica ao próprio meio de transporte atenções que não reserva para nenhum outro objeto. O mesmo indivíduo que nem sonharia em dar uma enxaguada nos pratos sujos na pia de casa é capaz de despender tempo e energia para lavar o próprio veículo.

Os automóveis, por essa razões, estão cada vez mais confortáveis e sedutores internamente: vêm com climatizadores, som ambiente, recursos tecnológicos. Como extensão do corpo e da casa, eles são produzidos meticulosamente para atender às demandas mais que utilitaristas e psicológicas de homens e mulheres. A indústria sabe se basear no conhecimento cada vez mais sofisticado que se tem do gênio humano. Carros são como projeções do "eu".

Para além dos estereótipos que a relação homem & carro reforça, a questão da velocidade é a que salta aos olhos de forma mais destacada. A forma como dirigimos pode ser vista como uma representação de nosso funcionamento psicológico, revelando não só escolhas, hábitos e crenças – muitas delas originadas na infância –, mas também aspectos reprimidos ou disfarçados de nossa personalidade.

A impotência diante da vida e suas agruras é contrabalançada pela potência dos motores; ou, na mesma direção, o poder da conta bancária é exteriorizado por meio do brilho e da velocidade do carro do ano.

Há, porém, uma explicação neurobiológica para o fascínio pelas altas velocidades: a consciência (ainda que parcial) do risco desencadeia no organismo reações neurológicas e hormonais. A elevação dos níveis de adrenalina induz à hiperatividade do sistema nervoso e confere uma espécie de euforia artificial que, para alguns, pode resultar em satisfação. O carro dá ao motorista a oportunidade de experimentar seu corpo elevado a velocidades que, por si só, ele não alcançaria. Correr faz parte do sonho humano por superação.

A questão, todavia, que deve ser colocada aqui passa pelo espaço em que tudo isso ocorre: a rua, o espaço público. "Corpo" e "casa" são, fundamentalmente, espaços privados; "carros" são objetos que transitam no espaço público. A confusão entre carros, corpos e casas gera, invariavelmente, a exacerbação e a violação.

Na rua (público), por se estar dirigindo um automóvel (privado), confundem-se as esferas e se age como se não houvesse outros compartilhando os mesmos espaços. Faz-se da rua extensão do carro, da casa e do corpo; privatiza-se o público para benefício exclusivo de um indivíduo, resultando na violência e no descumprimento pleno das regras básicas do trânsito; acidentes com sequelas, invalidez e, nada menos, que cem mil mortes desde 2014, no Brasil.

A violência no trânsito está diretamente relacionada à compreensão do objeto transportador como extensão do indivíduo. Enquanto houver a associação do carro com a capacidade (econômica, social e sexual) do indivíduo que o dirige, haverá a possibilidade imensa de usurpação do espaço público e a violação das leis elementares da convivialidade.

Dentro de um carro, muitos se sentem mais prontos para suas guerras pessoais (quaisquer que sejam elas). A sensação de proteção que o recolhimento atrás de vidros escuros dá faz com que o motorista se sinta num tanque de guerra próprio.

Dividindo o espaço público, contudo, há outro indivíduo também não completamente visível e, portanto, não identificado como uma pessoa digna de respeito ou piedade.

Talvez a solução esteja no incremento dos transportes públicos (em que essa "virilização" do indivíduo desaparece) e no avanço das novas tecnologias para a engenharia viária (por exemplo, os carros autodirigíveis). Quem sabe, assim, nossos potentes carros (com mais de duzentos cavalos de força para, contraditoriamente, enfrentar engarrafamentos) serão transferidos para a esfera do esporte e para a arena dos autódromos. As ruas precisam voltar a ser espaço, simplesmente, de deslocamento e de encontro.

> "
> **CARROS SÃO COMO PROJEÇÕES DO 'EU'.**

11.ALEGORIA DAS CARROÇAS (OU METÁFORA SOBRE A INVEJA)

Era uma vez uma cidade. Há muito tempo. Num lugar bem distante. O sonho da gente daquela cidade era ter uma carroça passeando pelas ruas da vila. Mas carroças eram coisa de cidade grande. Era muito difícil se realizar aquele sonho. Houve muitas tentativas de se levar uma carroça para a cidade. Muitas em vão.

Um dia, porém, uma gente meio despretensiosa, que pensava grande, resolveu tentar de novo. E não é que conseguiram? E saiba que não era qualquer carroça; era uma carroça quase carruagem. Alegria geral?! Que nada...

Teve gente que foi, sim, para a rua aplaudir a carroça passar. Mas houve os que foram mesmo para vaiar. Teve quem foi apenas para espreitar e, entre lábios, murmurar. Houve até os que quiseram jogar pedras pelo caminho para tentar tombar a carruagem.

Contam, inclusive, que depois que conseguiram a carroça, teve gente empenhada em abrir um departamento especializado em regulamentar sua passagem. Só para, doravante, proibir o passeio da carroça tão sonhada. E teve quem passou a odiá-la para sempre.

A questão é que, depois de verem a carroça passar, a cidade já não era mais a mesma.

Uns permaneceram na esquisitice de batalhar contra ela. Uns, envergonhados, visitavam a cidade grande só para dar voltinhas de carroça alugada. Outros, todavia, iluminados pela beleza da carruagem, passaram a lutar pelo direito de ir e vir de todas as carroças.

Assista ao vídeo correlato ao assunto:

12. EXCLUÍDOS E EXCLUSÕES

Por que os excluídos são, eles mesmos, excludentes?

Há em curso, no mundo, uma onda de simplificações. Temas complexos estão sendo tratados com uma superficialidade perigosa. Mais que isso: questões relacionadas aos destinos da civilização estão na seara de irresponsáveis reducionismos.

Temas ligados às mulheres, aos negros, aos indígenas, aos refugiados, aos imigrantes, aos homossexuais são considerados como purismos ideológicos que não merecem respeito. Em alguns casos, são combatidos mesmo como se fossem, eles próprios, os geradores de problemas e mazelas na sociedade. A lógica virou de cabeça para baixo. As vítimas passaram a ser as perseguidas. Os criminosos tornaram-se os heróis.

Quando o presidente norte-americano e boa parte das lideranças europeias fecham as portas para ondas cada vez maiores de refugiados, e, ao mesmo tempo, vemos gente aplaudindo e incentivando esses atos, é porque princípios básicos de solidariedade e bem comum não conseguiram efetivamente vingar nos estados contemporâneos de bem-estar social.

Quando negros ainda recebem, como no exemplo do Brasil e de boa parte do Ocidente, salários consideravelmente menores e são, nas rodas e nas redes, alvo de piadas e ofensas, é porque o senso de humanidade e de fraternidade não logrou qualquer êxito entre nós.

O mesmo – e em cada caso com os desdobramentos inerentes ao seu universo – ocorre com todos os grupos minoritários em seus reclames. No fundo, é a imensa maioria da população mundial que está nessa situação, embora, curiosamente, haja um discurso hegemônico que ganha forças a cada ano, e que criminaliza, persegue e desacredita essas agendas.

A pergunta que surge desse paradoxo é a seguinte: afinal, por que, sendo a maioria excluída, é o discurso do aprofundamento das exclusões que ganha terreno? Em outras palavras: por que é o avesso do razoável o que ocorre no mundo? E, por último, enfim, por que os excluídos, sem perceber, às vezes, funcionam como radicalizadores das exclusões?

As respostas são plurais, inconclusas e, como as próprias questões, complexas. Por vezes, ambíguas. Há razões políticas e psicológicas; econômicas e religiosas; culturais e ideológicas.

O avanço das agendas identitárias na segunda metade do século XX promoveu a inclusão de importantes segmentos da sociedade. Gente historicamente excluída passou a se enxergar como sujeito de direitos. Estados inteiros foram pressionados a criar mecanismos legais e sociais para incluir. Obviamente, por consequência, setores até então privilegiados viram-se ameaçados em sua hegemonia.

Dividir o bolo era até então um exercício apenas retórico, apoiado inclusive pelo discurso religioso dominante, no qual a caridade sempre teve o papel de expiação do pecado acumulador. Nada, entretanto, que revolvesse a lógica econômica das sociedades. Com os pleitos concretos de inclusão, cotas, direitos humanos e tolerância, a verborragia pseudocristã foi incomodada.

Além disso, a própria moral cristã institucional foi subvertida pela ideia de que o que efetivamente importa é o ser humano, independente de seus estereótipos condicionados pela cultura dominante. Identidades até então ignoradas (ou mesmo combatidas) passaram a ter vez e voz.

Práticas como a matrícula de jovens negros numa universidade pública brasileira ou a afetividade entre pessoas do mesmo sexo na televisão assumiram uma espécie de protagonismo no universo simbólico dessa época. E, novamente, setores até então detentores das chaves da moral e dos bons costumes viram-se ameaçados em sua hegemonia simbólica.

As relações entre economia, política e privilégios são evidentes quando estereotipadas em elementos simbólicos. O problema não é o símbolo em si, mas o que efetivamente ele representa. Uma ação de caridade não abala o sistema. Uma política pública de inclusão, sim. Por isso, o mesmo cristão que é capaz de se vestir de papai Noel e distribuir bolas e balas, no Natal na periferia, se sente incomodado com a presença do carro de seu jardineiro na porta de sua casa.

Até aí, é o que costumeiramente se vê: privilegiados que se sentem ameaçados coibindo políticas públicas de inclusão. O que causa verdadeiro estranhamento é a razão pela qual os próprios excluídos operam essa mesma engrenagem e passam, eles próprios, a reforçar o discurso e os símbolos da exclusão.

Nesse pormenor, a questão ideológica é fundamental. Na medida em que as distorções econômicas são históricas e radicais, a percepção delas só é conseguida graças a muito esforço analítico. Em outras palavras, ideologia parece natural; compreendê-la, somente com muito trabalho filosófico. Tarefa restrita, portanto.

Os mesmos setores privilegiados que se locupletaram de vantagens ao longo da história usam do expediente do sentimento de injustiça para doutrinar os mais pobres e mais vulneráveis.

Ainda que as questões identitárias tenham ganhado relevo nas últimas décadas, permanece sendo a pobreza a chaga mais grave do mundo no século XXI. Há multidões sem um prato de comida por dia. A iminência da miséria, portanto, alarma e assusta milhões de pessoas. Políticas de cotas e de compensação, porém, parecem ameaçar exatamente quem mais perto está dessa linha fronteiriça com a fome. Mesmo que os números mostrem avanço por inteiro na sociedade, o sentimento de perda é fulminante.

É nessa lógica que as elites sempre aquinhoadas são eficientes em usar a própria voz dos beneficiados para articular o discurso de combate ao que, paradoxalmente, chamam de privilégios. Em outras palavras: quem sempre teve emprego, renda e educação garantidos por privilégios históricos, agora empunha a bandeira do combate aos privilégios daqueles que nunca tiveram nada disso, e pela voz dos próprios ameaçados.

É isso que explica eleições como a de Trump nos EUA e a de Bolsonaro no Brasil. Os setores mais pobres desses países votaram naqueles que, na prática, mais ameaçam sua possibilidade de conquistas e emancipação social. É a lógica de quem – sendo assalariado – é capaz de defender essa reforma da previdência que aí está sendo imposta ou do fim dos direitos trabalhistas historicamente conquistados.

E por que agem e votam assim? Porque se sentem ameaçados por aqueles que parecem estar furando a fila rumo a um sonho que lhes aparenta escapar. É a dinâmica das multidões que, com fome, se acotovelam quando lhes jogam migalhas. É uma miopia estratégica: não reconhecem onde exatamente está o perigo e quem são, efetivamente, os inimigos. Brigam entre si. Preservam os do andar de cima.

Por essas e outras é que resta claro que só há uma forma de superação desse emaranhado todo: a educação. Não essa educação formatada pela sociedade do consumo de tudo, inclusive de ideias, mas uma educação ocupada com a dúvida. Uma educação corajosa em enfrentar contradições de si mesma. Uma educação que seja sinônimo de filosofia, na acepção do termo.

> "
>
> **POR QUE OS EXCLUÍDOS, SEM PERCEBER, ÀS VEZES FUNCIONAM COMO RADICALIZADORES DAS EXCLUSÕES?**

13.UM FERIADO PARA CHAMAR DE NOSSO

Feriados são datas especiais. Pelo menos deveriam ser. Aqueles momentos em que uma nação para, com o objetivo de celebrar um fato, um feito, um herói ou uma conquista.

Essa seria a lógica do 15 de novembro ou do 7 de setembro. Seria, mas não é. E não é porque o país não teve realmente uma luta por independência, e a república foi fruto de um golpe militar. A sociedade, de fato, nunca participou dessas "conquistas". No entanto, as datas estão aí e as festas são celebradas.

Mais curioso, e quase hipócrita na verdade, é a data de 20 de novembro. Nasceu para celebrar Zumbi e ser o dia da Consciência Negra, mas num país que não teve uma abolição real da escravidão, numa nação que ainda não se reconhece como escravocrata (na medida em que suas relações de trabalho são análogas às da escravidão, especialmente quando se referem à população negra), como racista (porque por aqui ser preto é sinônimo de problema) e como reacionária (porque, no Brasil, luta social é tida como terrorismo, e militantes são vistos como estorvo).

É preciso refletir, portanto, sobre o que faz ocorrer essas disparidades no país. Por que celebrar o que, efetivamente, não se tem como conquista social?

Primeiro, creio que essa questão tenha a ver com hipocrisia mesmo. Há uma falsa ideia permanente de que a sociedade brasileira é um mar de cordialidade e que as mazelas socioeconômicas das quais padecemos se devem mais à corrupção de alguns do que às estruturas opressoras do Estado. Por isso, hipocritamente, desde que o país se entende por gente, cultivamos a sanha persecutória pelos corruptos. E por isso taxamos o próprio Zumbi, por exemplo, de senhor de escravos (por aqui, nos especializamos em culpar as vítimas por seus sofrimentos). E, não raro, as vítimas são, elas mesmas, porta-vozes de seus algozes. Por isso, também, responsabilizamos a menina que anda de saia e é estuprada, ou o negro que eventualmente se comporta de forma preconceituosa, pelo racismo sistêmico da sociedade.

Em segundo lugar, celebramos tais datas, porque é muito eficiente em termos de controle social que as celebrações elevem a autoestima da população sem, necessariamente, terem em sua base o correspondente histórico para isso. Assim, no 7 de setembro, temos uma multidão cantando o hino nacional e militares pagos com dinheiro público desfilando em ruas públicas, prestando continência a políticos que deveriam se ocupar da coisa pública, e muito pouca gente refletindo e protestando sobre a dependência econômica e cultural que temos para com os países do centro, quando poderíamos perfeitamente estar entre as nações mais ricas, prósperas e justas do planeta. E se não estamos nesse rol, é exatamente por conta de setores políticos e militares que nunca se ocuparam dessa agenda emancipadora.

Banalizar nossos preconceitos ajuda a mantê-los vivos e ativos. Quanto mais naturalizamos o racismo, menos nos incomodamos e, por consequência, menos nos mobilizamos para o enfrentamento dessa mazela.

No caso do 20 de novembro, há, porém, resistências e preconceitos genuínos. Gente que não reclama de feriados clássicos o faz com relação ao dia de Zumbi, sob a alegação, por exemplo, de que a economia do país fica prejudicada. Isso revela, ao mesmo tempo, a reação preconceituosa de setores importantes da sociedade e, por outro lado, a força de um feriado cuja história, essa sim, está calcada na força de emancipação dos movimentos abolicionistas. Movimentos, aliás, sempre sufocados pelo Estado.

Celebrar o 20 de novembro é uma espécie de tentativa de resgatar (ou construir mesmo) a identidade de um país que insiste em negligenciar suas chagas. Honestamente, essa deveria ser a data nacional por excelência. Uma forma de reconhecer nossa história e reescrevê-la para as próximas gerações.

Enquanto o Brasil não se enxergar com honestidade não haverá chances de transformação concreta. Continuar afirmando que a política e a corrupção são os principais problemas do país é o engodo que (apesar de alguma correção) esconde o verdadeiro câncer que corrói desde as origens a formação da sociedade brasileira. Por aqui, a pobreza, a desigualdade e a discriminação é que são endêmicas. E todo o sistema político e jurídico serve, por mais triste que isso seja, apenas para corroborar e manter esse estado de coisas.

Ficar buscando contradições na figura de Zumbi não só é desonesto como é um desserviço ao Brasil. Afinal, além de não fazermos o mesmo com figuras da independência e da república, por exemplo, temos por heróis personagens cujas histórias são, no mínimo, controvertidas.

Ou o país se assume racista, enfrenta as consequências sociais disso e decide adotar políticas públicas de superação, ou permaneceremos patinando nesse mar de sofrimentos. Por isso, Zumbi tem a força da resistência e a potência da esperança. E por isso mesmo deveria estar no rol dos personagens formadores dessa nação. Insistir nas figuras e datas oficiais tradicionais que não têm qualquer conexão com a população só reforça o engodo da nação independente, republicana, inclusiva e livre, que nunca fomos.

14. EREDEGALDA – VÍTIMA DO PAI E DE ALGUMA DESINFORMAÇÃO TAMBÉM

Li, por dever do ofício, o livro "Enquanto o sono não vem" de José Mauro Brant. O livro foi recolhido pelo MEC, em 2017, sob a alegação de que o conto "A Triste História de Eredegalda" fizesse apologia ao incesto.

O livro foi publicado pela Editora Rocco e integra o catálogo de livros do Pacto Nacional pela Alfabetização na Idade Certa (PNAIC).

No conto, o rei sugere se casar com uma de suas filhas, mas, como ela não aceita, acaba sendo presa em uma torre. Morrendo de sede, ela aceita se casar com o pai, mas morre antes do casamento.

Acredito se tratar de um julgamento indevido, construído por leitura equivocada, a ideia de que o conto incentive o incesto.

A polêmica pode ter a ver com o puritanismo de quem não compreende o papel da literatura infantil na formação educacional e psíquica, bem como com a falta de capacitação adequada dos professores para trabalhar com o material nas salas de aula: há uma desinformação geral do que sejam contos folclóricos e contos de fada, e essa dificuldade se dá, especialmente, por serem eles territórios simbólicos que abordam assuntos delicados.

Quem lê com isenção o conto verá que, ao contrário do que se tem apregoado, o texto, na verdade, é uma história que dá voz à vítima. Eredegalda é vítima de seu pai. Não é incentivo ou apologia ao incesto que se lê no conto. Ao contrário: o que se experimenta, ao final da narrativa, é a morte de uma menina vitimada pela violência dentro de casa.

No Brasil, incesto e violência sexual dentro de casa são mais frequentes do que se pode imaginar. De um lado, temos uma cultura de sexualidade machista que vê no corpo da mulher (e da filha) uma posse; de outro, uma sociedade doentia que tem no mercado de pornografia um sintoma claro de como a sexualidade é experimentada (sugiro uma pesquisa no Google com a palavra "incesto").

Obviamente que o tema é tão antigo quanto a própria humanidade (escrevi a respeito, enquanto pesquisava para o doutorado – depois o texto foi adaptado e publicado no livro *Incesto nas Leis do Levítico*, Ed. Oikos). Mas é fato também que deve ser tratado, acima de tudo, com transparência e sem hipocrisias.

Eredegalda é uma vítima como milhares de meninas e meninos o são hoje em algumas milhares de casas brasileiras. E a denúncia desses abusos será tanto mais potente, quanto mais consciência essas crianças tiverem que são sim vítimas de seus próprios pais, por exemplo.

Talvez o argumento sobre a faixa etária a que o livro se destine possa ser razoável. Mas, mesmo nesse caso, a adequada formação dos professores daria conta de driblar e fazer com que a mensagem – mesclada de denúncia e alerta – chegasse às crianças que são vítimas potenciais.

Enfim, violência sexual contra crianças é um fato e precisa ser denunciado todos os dias. Recolhendo livros que o fazem não se chegará a lugar nenhum; ao contrário. Educação é a única forma de conscientizar as vítimas de sua condição. Por isso, professores precisam ter, além de ampla liberdade de ação, formação continuada e permanente.

15.HINO NACIONAL: POESIA, IDEOLOGIA OU UTOPIA?

Você sabia que o Dia 13 de abril é Dia do hino nacional? Pois é. O hino é um dos símbolos da república.

A música foi composta em 1831, mas só na época da república é que se abriu um concurso para oficializar a letra do hino. Quem ganhou foi Leopoldo Miguez, mas havia uma recusa de segmentos da população em cantar a letra vencedora – "Liberdade, liberdade! Abre as asas sobre nós!"

Com essa confusão, o escritor Joaquim Osório Duque Estrada, integrante da Academia Brasileira de Letras, compôs a letra que conhecemos hoje. Nosso hino foi, portanto, comprado, isso mesmo *comprado* e por cinco contos de réis pelo então presidente Epitácio Pessoa. Tornou-se oficial em 1922, no centenário da Independência.

A primeira observação que faço em relação ao hino nacional é que suas palavras são muito diferentes das que usamos no dia a dia. Isso é verdade para hoje, mas era verdade também para a época em que foi composto. Nosso hino tem palavras e expressões que o povo brasileiro desconhece.

Plácidas, brado retumbante, fúlgidos, vívido, impávido colosso, fulguras, florão, garrida, lábaro, flâmula, clava forte.

Há quem afirme que o hino, com letra influenciada pelo parnasianismo, é mais para impressionar do que para comunicar. Se assim o é, missão cumprida; com esse vocabulário, impressiona mesmo.

Mais sério, entretanto, é a forma como essa letra enxerga nossa história. Por exemplo, sobre a independência do país: "Ouviram do Ipiranga ... de um povo heroico o brado retumbante." Esse trecho dá a ideia de que nossa independência se deu por força do povo. Infelizmente, isso não é verdade: o grito de independência foi dado pelo filho do rei, que ficou no lugar do pai.

"E o sol da liberdade... brilhou no céu da pátria nesse instante." Neste caso, a liberdade ou a emancipação que ocorreu no Brasil serviu apenas aos "grandes" que se viram livres das amarras econômicas e políticas de Portugal. Aliás, nessa época, o país chegou a pegar um empréstimo para indenizar Portugal pela independência. Não houve, portanto, liberdade para a população brasileira.

Outro trecho que merece destaque é sobre a igualdade: "Se o penhor desta igualdade conseguimos conquistar com braço forte". A desigualdade no Brasil é profunda. Se hoje ela é tão presente, imagine no início do século XX, quando negros, indígenas, mulheres e analfabetos foram deixados à margem da primeira carta constituinte republicana. O hino faz crer no que não ocorreu jamais por aqui.

E sobre a justiça? "Mas, se ergues da justiça a clava forte". O Brasil já teve oito Constituintes e só foi conhecer a democracia – precariamente – na última, de 1988. Nossas leis não são aplicadas da mesma forma para todas as pessoas. São leis que geram interpretações dúbias, e que são criticadas por sua ineficiência, por sua morosidade e pela falta de imparcialidade.

Tudo isso, porém, poderia ser lido sob a ótica da utopia. Não se trata de uma memória do que ocorreu (porque não ocorreu assim), mas de esperança do que se deseja para o país. Tomara seja isso mesmo. Tomara o hino consiga produzir um fôlego de mobilização para uma real transformação da sociedade.

Como ocorre com qualquer hino nacional pelo mundo, é

nítida a intenção de engrandecer a pátria, mostrar sua força social, sua beleza natural e sua união patriótica. Todo hino é carregado de ideologia.

Infelizmente, não é isso que temos por aqui. O povo sempre foi muito desmobilizado. A natureza sempre foi explorada indiscriminadamente e há uma profunda falta de unidade em termos de cidadania – há um abismo cada vez maior entre ricos e pobres, por exemplo.

Por isso, talvez, o hino tenha se tornado popular apenas nos jogos de futebol. É porque antes dos jogos nossa preocupação não é exatamente interpretar textos difíceis, tampouco problematizar nossa história tão controvertida, mas entoar um canto ou uma oração de esperança pelo sucesso.

Assista ao vídeo correlato ao assunto:

“

TOMARA O HINO CONSIGA PRODUZIR UM FÔLEGO DE MOBILIZAÇÃO PARA UMA REAL TRANSFORMAÇÃO DA SOCIEDADE.

16. **PALAVRAS E RELAÇÕES**

As relações humanas são pautadas basicamente nas palavras. No que se diz e no que se ouve. No como se diz e no como se ouve. É semelhante a um jogo de dizeres e de ideias; de humores e afetos.

No fundo, as relações são experiências de oportunidade. Sim, experiências que têm a ver com a forma como tratamos as oportunidades que nos vêm.

Oportunidade é uma palavra linda: *ob-portus*. Tem a ver com os ventos que levam a embarcação na direção do porto. Por isso, há sopros oportunos e inoportunos.

Oportunidade é uma mescla misteriosa de acaso e esforço; sorte e empenho. Conjuga a graciosidade dos eventos que nos advêm e o trabalho de quem quer agarrar as chances que a vida dá.

Há encontros em que é isso que ocorre: oportunidade. Uma troca de olhares que combina a aleatoriedade de um encontro e a designação de uma vida. Graça e destino.

Mas há muito além do encontro. Há uma aposta sempre arriscada a ser experimentada.

Os dias que se seguem ao encontro, impassíveis, são como o movimento de quem ajusta as velas para aproveitar o máximo do vento. Sem motor, o barco precisa contar apenas com a força dos ventos e a habilidade do capitão.

As páginas vão sendo viradas e os morangos saboreados. Mas sempre esteve ali – escuro e silencioso – um abismo profundo e cheio de temores. (A vida é uma combinação desequilibrada de vontade e medo. Intrepidez e zelo).

A questão é que as velas precisam ser flexíveis para se ajustar, mas têm de ser firmes para suportar a força. Às vezes, no entanto, é preciso calibrar de tal forma o ângulo do pano para que a força do vento não o rasgue. É força que se perde para não se perder no oceano sem rumo. Há momentos que recuar é necessário se se deseja avançar.

As palavras são difíceis por isso: carecem de ajustes o tempo todo. Há relações que – como pautadas que são nas palavras – naufragam porque o discurso é incompreensível. E o é porque entre o que se diz é o que se ouve, há muito mais no não dito, no antes, no durante e no depois. Há palavras que só são compreendidas quando não são ditas.

"Palavras são como o vento", já dizia a Cecília. Passam, mas não sem antes mover o que têm pela frente.

É duro saber que – apesar da habilidade dos capitães – o vento das palavras é às vezes mais impetuoso que a força das velas é capaz de resistir. A tênue fronteira entre o movimento e o rompimento é atravessada. E rasgar não é um verbo fácil de ser conjugado.

E aí, paciência: o barco perde força e ficará dias ao sabor das ondas. Agora, outra habilidade será requerida: remar. Remar talvez contra a correnteza.

Assim são as relações, os encontros e os amores que zarpam antes mesmo de ancorarem.

O desafio que todos os dias se nos coloca é tocar o barco adiante, a despeito da impetuosidade dos ventos. Será possível? Nem sempre.

Lembro-me do poema "Invictus" de William E. Henley, que inspirou Nelson Mandela na cadeia e o ajudou a levar o barco até um porto seguro, ainda que com ventos contrários. Cito aqui sua última estrofe (vale a pena procurar lê-lo todo):

"Por ser estreita a senda – eu não declino,
Nem por pesada a mão que o mundo espalma;
Eu sou dono e senhor de meu destino;
Eu sou o comandante de minha alma."

> "
> **HÁ PALAVRAS QUE SÓ SÃO COMPREENDIDAS QUANDO NÃO DITAS.**

17.SOBRE O ÓDIO E A RAZÃO

A sensação que temos hoje é que vivemos uma contradição absurda. De um lado, a ditadura dos fatos – a ideia de que só se deve levar em consideração o que os números, os dados e a realidade objetiva indicam. De outro, a negação desses mesmos fatos – sob a lógica ideológica de valores circunscritos a determinados círculos; ou seja, a ideia de que, se discordamos de algo, temos todo direito de fazê-lo, mesmo contrariando as evidências e teorias mais consistentes que há nas mais diversas áreas do saber. E tudo sob a desculpa do viés ideológico.

Há em curso no país (talvez no mundo) uma onda de ódio promovido pelas discordâncias ideológicas. Os campos do embate político se tornaram arena de cerceamento de liberdades e assassinatos de reputações.

Há em marcha uma espécie de banalização do saber; uma desconsideração com a análise cuidadosa sobre os fatos e problemas. Um certo desdém com a ciência, com a filosofia, com o esforço intelectual. Mais que isso: às vezes, ocorre uma criminalização da reflexão. Como se pensar e dar espaço para a dúvida e para o contraditório fossem pecados. A lógica de um pensamento único é puramente pragmático e é irmã da ignorância. Não há saber se não houver dúvida, instabilidade, inconclusões e pluralidade.

O ódio é uma face da irracionalidade. Em algum sentido – ainda que isso o explique apenas em parte – o ódio é um subproduto de uma sociedade cansada da racionalidade excessiva e excludente.

Desde os gregos clássicos, passando pela escolástica, pelo cartesianismo e, mais recentemente, pelo positivismo, a ênfase na razão pela razão, exclusivamente a razão, fez com que negligenciássemos os aspectos lúdicos e imaginativos da cultura humana. Mais que da cultura, da própria natureza.

Resultado disso tem sido, nesse início de século, um resgate dos aspectos irracionais sem a devida densidade humana e civilizatória. E mais: um cansaço generalizado com discussões mais sofisticadas sobre direito, humanização, cultura e tolerância.

Há traços claros de renascimento das narrativas de heróis e das epopeias irracionais, graças ao desencantamento com a ciência e a política tradicionais. A psicologia perde espaço para a PNL, a política para as redes sociais, a medicina para as orações e a literatura para os memes.

Há em curso um reencantamento do mundo. Por vias equivocadas, talvez. Mas somente as consequências (cujos aperitivos já estão por aí, revelando seu apelo) mostrarão a realidade. E somente elas terão eventualmente alguma chance de promover mudança.

É curioso que o excesso de discursos nas redes e nas ruas pareça ser símbolo de mais racionalidade. Mas não é. É exatamente o oposto. Há crenças absurdas voltando à cena. Há governantes acreditando, hoje, que a terra é plana. Muito discurso e pouca reflexão consistente.

O desafio que temos é tornar a razão e sua potência em algo que promova conscientização e transformação, sempre e ao mesmo tempo respeitando a dimensão simbólica da humanidade. Se não aprendermos a combinar razão e emoção, não avançaremos. Ao contrário, continuaremos regredindo.

Além disso, reconhecer que o problema do saber está exatamente naquele ponto final em que se supõe ter chegado. Na falsa convicção de se ter alcançado a verdade. Quem estaciona nessa segurança, além de perder a experiência e a vitalidade da dúvida permanente, deixa de enxergar a pluralidade e as incertezas das coisas – que são, no fundo, sua beleza. É na impermanência que mora o sentido da vida.

Por isso, a Educação deve conjugar necessariamente liberdade de quem ensina e liberdade de quem aprende. Para isso, os que ensinam devem garantir que os que aprendem tenham voz também. Quando isso ocorre, há um imenso caminho aberto para que se construa o diálogo. E onde há respeito pelos saberes compartilhados de quem aprende e de quem ensina, há crescimento de todos.

Assista ao vídeo correlato ao assunto:

18. A FILOSOFIA É UM PERIGO

A filosofia é uma espécie de saber sobre si. Uma reflexão a respeito do conhecimento humano e todos os seus desdobramentos (éticos, técnicos, estéticos, religiosos). Da mesma forma que toda ciência tem um objeto definido de estudo, a filosofia tem como seu objeto o próprio saber, a própria reflexão, o próprio conhecimento.

A filosofia nasceu já com a suspeita de que os saberes são sempre intencionados e ideologicamente orientados. Por isso, ela se comporta desde sempre como crítica sobre os meandros pelos quais os saberes se constroem. A filosofia é a antítese da doutrinação. No fundo, qualquer verdade imposta é combatida e relativizada por ela.

Platão e Aristóteles, já na origem das indagações filosóficas, inauguraram as perguntas que nos acompanham até hoje sobre sujeito e objeto e sobre a gênese e as características do conhecimento. Aliás, mais que isso, é Platão o grande responsável pela própria ideia de que o saber sobre uma coisa é distinto dessa coisa em si. Raciocínio tão potente ao ponto de nos dar a chance de propor hipóteses e teorias sobre os fenômenos naturais, sociais e existenciais mais desafiadores da natureza e da civilização.

Qualquer saber – dos mais práticos e utilitários aos mais teóricos e reflexivos – traz consigo alguma dose de filosofia. Carrega em seu bojo uma reflexão sobre si mesmo que deve, por outro lado, ser posta à prova pela mesma crítica filosófica. A filosofia é o senso crítico que o conhecimento tem de si próprio.

É um equívoco considerar que há ciências maiores e outras

menores. Que há umas com maior e outras com menor utilidade. Tales, Pitágoras, Euclides e Descartes foram, ao mesmo tempo, matemáticos e filósofos. A praticidade da matemática (se é que se pode categorizar assim) nasceu exatamente da faculdade reflexiva, curiosa e metódica da filosofia.

Toda filosofia tem, além disso, um caráter público. Nasceu na praça pública e se ocupa da vida real das pessoas concretas. Por isso, as sociedades desenvolvidas primam pelo incentivo à reflexão filosófica consistente, ampla e livre.

A construção dos Estados modernos assentados na lógica dos direitos humanos fundamentais, bem como as reflexões sobre economia e sociedade, só existem graças ao esforço filosófico de autores como Hobbes, Locke, Rosseau, Kant, Marx, David Ricardo e Smith.

Por outro lado, ao longo de toda a história do Ocidente, a filosofia sofreu perseguições. O caso de Sócrates é uma espécie de sacramento dessa experiência vivida por quem desejava revolver a terra batida dos saberes estacionados; de quem se esforçava por desvendar o que há por trás e na base das ideias, dos discursos e das práticas.

Sócrates foi assassinado pelo Estado, pela sociedade e pelos seus pares, acusado de desviar os jovens. Toda vez que o sistema se sente ameaçado são os pensadores que acabam por ocupar o primeiro lugar na fila dos perseguidos.

É claro que existem ameaças à juventude. Mas jamais é a filosofia a protagonista. As verdadeiras ameaças são o desemprego, a violência, o preconceito e a resistência a mudanças.

Além disso, há em curso hoje uma espécie de banalização do saber; uma desconsideração com a análise cuidadosa sobre os fatos e problemas. Um certo desdém com a ciência, com a filosofia, com o esforço intelectual. Mais que isso: às vezes, ocorre uma criminalização da reflexão. Como se pensar e dar espaço para a dúvida e para o contraditório fossem pecados. Não há saber se não houver dúvida, instabilidade, inconclusões e pluralidade. As sociedades só avançam se houver pesquisa e coragem para a descoberta do novo.

Não nos enganemos: sem filosofia, o desemprego aumentará. Afinal quem será capaz de aprender a aprender permanentemente (exigência desse mercado altamente tecnológico e inovador) sem cultivar os exercícios epistemológicos que só a filosofia é capaz de fazer? Imaginemos que a ciência moderna simplesmente não existiria sem as bases formuladas por Hume, Bacon, Hegel e Kant, por exemplo.

Sem filosofia (em geral) e sem as ciências humanas e sociais (em especial), a violência aumentará. Porque sem reflexão sobre as raízes dos conflitos sociais, jamais haverá alternativa verdadeiramente eficaz no trato dessas questões. Sem ler Durkheim, Marx e Weber não dá sequer para começar qualquer discussão sobre esses temas.

Sem filosofia, a tendência da sociedade é se tornar mais e mais preconceituosa e mergulhada em estereótipos. Só o exercício da reflexão sobre ética é capaz de nos desalojar ao ponto de promover mudança. As teses de Hannah Arendt são exemplos provocativos dessa relação estreita entre filosofia e sociedade.

Sem filosofia não há chance de uma sociedade avançar em qualquer um de seus aspectos: economia, saúde, segurança, tecnologia, educação e arte. E isso porque não há ciência que não seja antes indagação e curiosidade, aspectos que nascem e sobrevivem na filosofia.

Isso tudo sem entrar nos aspectos da existência humana propriamente dita. As reflexões, por exemplo, de Schopenhauer, Kierkegaard, Nietzsche, Cioran e Sartre são a base sobre a qual se assentam as mais diversas e úteis teorias e técnicas psicoterapêuticas.

Apesar de todas as nossas dificuldades históricas e culturais, fundamentalmente marcadas pela colonização, o Brasil e a América Latina estão repletos de exemplos de pensadores e pensadoras, das mais diferentes áreas, que impactaram e ainda contribuem na crítica e na construção dos saberes. De Ruy Barbosa a Plínio Salgado e Mariátegui, de Anísio Teixeira a Darcy Ribeiro e Paulo Freire, de Eduardo Galeano a Rubem Alves, de Josué de Castro a Hilton Japiassu e Leandro Konder.

Governos autoritários tendem a silenciar a filosofia porque sabem de sua potência. Os sem visão de futuro tendem a desconsiderá-la porque não sabem de sua importância.

Por isso, a filosofia é um perigo. Suas intenções passam pela transformação profunda do que há de mais potente na humanidade: o conhecimento. E como há gente que odeia a mudança (porque está em lugares privilegiados), a filosofia sempre será uma ameaça.

No fundo, a perseguição à filosofia é um elogio e o reconhecimento de seu poder.

Assista ao vídeo correlato ao assunto:

19.O DESAFIO DOS EDUCADORES DO SÉCULO XXI

A emergência de novas tecnologias de informação está promovendo uma profunda revolução nos costumes, no mundo do trabalho e nas relações interpessoais.

Mesmo setores muito tradicionais estão sendo impactados. Em Educação, por exemplo, as transformações são tanto de natureza operacional quanto de concepção. Há muitas mudanças nos meios (na forma como se ensina e se aprende), mas também há profundas reflexões sobre inteligência, pensamento, informação e saber.

O professor está deixando de ser um mero depositário de informações; alguém que tem por ofício transmitir conhecimento aos alunos. Essa tarefa já está sendo realizada, e com melhor performance inclusive, por dispositivos dotados de inteligência artificial. A busca por informações e sua reunião agrupada por temas, por exemplo, são feitas com bastante eficácia pelos robôs e pelas novas plataformas de busca e de informação. E isso tudo já está na palma da mão. Nossos celulares, hoje, são mais potentes do que megacomputadores de décadas atrás e realizam tarefas múltiplas que nos demandariam muito tempo e muito esforço.

Com isso, a tarefa dos professores está sofrendo uma transformação permanente e profunda. Tradicionalmente, fomos educados a responder questões; para um problema dado, o nosso propósito era responder de maneira satisfatória. Fomos ensinados a responder. Como as novas tecnologias, respostas nos são dadas em abundância e nos mais variados matizes. Caberá ao professor a tarefa de perguntar. Quanto melhores forem as perguntas melhores serão os resultados e mais inovadores poderão ser os saberes decorrentes dessas perguntas.

A mudança é paradigmática: aprender a perguntar em vez de apenas responder. Aos professores, caberá a missão de inspirar a construção de saberes por meio do processamento criativo e crítico das informações e dos dados. E, além disso, o desafio de instigar e promover saberes que revolucionem o estado atual das coisas.

Por isso, vale a reflexão sobre o fato de que conhecimento é diferente de informação. Informação é dado, conhecimento é processo. O conhecimento, seguramente, é o que há com mais valor na sociedade contemporânea. Conhecimento que processa informações. Conhecimento que analisa dados e reflete criticamente a respeito deles.

Por isso, todo saber, todo conhecimento é plural também. Há muitas perspectivas possíveis na ponderação a respeito dos dados que temos. Até porque, em geral, sobre um tema, não temos todos os dados. Há sempre filtros, ângulos e matizes distintos em tudo e a respeito de tudo.

Daí, por exemplo, a urgência de abandonar as redes sociais como única fonte de informação. Primeiro, porque nelas ficamos na passividade de quem apenas recebe. Segundo, porque não há meios muito consistentes de apuração. E terceiro, porque o algoritmo que as rege mapeia muito mais rapidamente o que a gente quer consumir em termos de informação do que nós mesmos somos capazes de ter consciência. O que se recebe pelas comunidades virtuais, em geral, não é conhecimento, é mera informação. E, não raro, informação enviesada, parcial e intencionada.

Às vezes, muita informação é sinônimo de ignorância. Mais que isso: muita informação (como há em abundância na rede virtual) é elemento paralisador do pensamento. Por isso, a tarefa educacional e professoral hoje é bem mais ampla e bem mais profunda também. Além da tarefa cotidiana de garimpar dados e refletir sobre eles, caberá aos educadores o desafio de fazer perguntas cada vez mais elaboradas e inovadoras sobre o saber em todas as suas dimensões (ética, epistemológica e funcional).

O saber tem deixado, dia a dia, de ser objeto e tem assumido o papel de agente transformador da sociedade. Quanto melhores forem as perguntas, mais inovadores serão os saberes delas decorrentes. Quanto mais éticos forem os pressupostos desses questionamentos, mais humanizadores serão as novas abordagens, as tecnologias e os saberes.

Em algum sentido, a própria escola será questionada: se se mantiver respondendo perguntas e apenas resolvendo problemas, ela acabará por desaparecer frente aos novos e ainda pouco explorados caminhos da inteligência artificial. Precisará se arriscar na aventura dos mundos e universos novos que se forjam nas perguntas, na dúvida e na coragem de desbravar o desconhecido e o que ainda não existe.

Novamente: a mudança é paradigmática; aprender a perguntar em vez de apenas responder.

> "
> **TODO CONHECIMENTO É PLURAL.**

20.A OPRESSÃO DO SUCESSO

Há um discurso de sucesso se proliferando em vários espaços: nas empresas, nas igrejas, nas escolas e nas famílias. Há, mais que isso, uma exigência pelo sucesso. Uma ideia estranha de que a vida só faz sentido se for plena de êxito, de realizações e de glórias.

É um mantra que vive repetindo: "Tudo com o que você sonhar você poderá realizar. E você deve sonhar alto. Você pode ser rico, ser bem-sucedido, passar no vestibular, ser abençoado e ser sempre muito feliz."

E é claro que cada receita de felicidade tem mil e uma estratégias. Há treinadores e mentores especializados nos detalhes dessa empreitada. São como que inspiradores por meio dos quais as pessoas se preparam para vencer na vida.

A ajuda dos outros não é, em si, de tudo ruim. Primeiro, porque às vezes precisamos mesmo de apoio para vencer certos obstáculos; depois, porque há áreas da vida em que somos menos hábeis que em outras e, nessas questões pontuais, carecemos também de mais atenção e foco. Especialmente no que diz respeito ao mundo do trabalho, por exemplo, essas técnicas podem ajudar muito.

As técnicas cognitivas e comportamentais são, sim, úteis, mas não dão conta das questões profundas da existência. A vida é complexa demais para caber apenas no discurso de que o desejo é o motor da conquista. Há muito mais em jogo do que simplesmente reprogramar a mente nessa ou naquela direção.

A tristeza, o tédio e as fraquezas povoam a existência humana. As frustrações fazem parte da caminhada e, por contraditório que pareça, é também através dessas experiências que podemos crescer e amadurecer.

O problema surge quando essa pregação moderna do sucesso (que até se confunde com o discurso religioso) cria a sensação e o sentimento de urgência, de necessidade, de obrigatoriedade. Vencer passa a ser um imperativo. É nesse ponto que a inspiração passa a ser opressão. O sucesso impõe-se como fardo. Isso é ruim por vários motivos:

1) Porque cria ansiedade: aquela ideia de que "ainda" não sou o que devo ser. Há sempre a sensação de que há muito pela frente. O futuro passa a ser a grande realidade da vida. Cria-se uma expectativa tal que, na prática, é impossível de se atingir.

2) Porque promove frustração: nem sempre dá para ser ou fazer aquilo com o que se sonha. O senso de realidade – que é diferente de determinismo ou derrotismo – deixa de ser a bússola orientadora da existência; confunde-se utopia (que é inspiradora e motivadora) com paranoia (que frustra e desaloja).

3) Porque gera culpa: pois desconsidera que a inevitabilidade de certos fracassos tem a ver com as intempéries da vida, e não apenas com uma programação equivocada do "eu" que não soube se orientar no caminho do êxito. Esse tipo de discurso que culpa sempre o indivíduo esbarra na crueldade. Uma coisa é responsabilização, outra bem diferente é determinação exclusiva e individualizada da culpa.

4) Porque, apesar de parecer que o controle está em suas mãos, há sempre uma receita a ser seguida. As técnicas sobrepõem-se à autonomia dos indivíduos. Inibe a liberdade e pasteuriza as pessoas sem considerar, no fim das contas, a beleza da individualidade humana e sua multiformidade. Terceiriza a própria identidade.

E é ruim, por fim, porque passa a ideia de que o hoje é apenas a preparação para o amanhã do sucesso. Adia o inadiável. Adia a própria vida.

> “
> **AS FRUSTRAÇÕES FAZEM PARTE DA CAMINHADA.**

21.IMPRENSA E TRIBALISMO: O JEITO MODERNO DE PERMANECER PRIMITIVO

É lugar comum que o ser humano seja um ser racional. E que é sua inteligência argumentativa que o torna singular. Mas é curiosa a diferença de sensação que temos diante de uma história contada ou de uma explicação dada, por exemplo. Amamos as histórias e seus enredos. Mas nos cansamos muito rapidamente com teorias e argumentos. Somos capazes de ler, ver ou ouvir uma história repetidas vezes. Às vezes, a vida inteira. O mesmo não ocorre com argumentos e teorias.

A vida é percebida e orientada por narrativas. Mesmo sem perceber, é contando e ouvindo histórias que caminhamos, que direcionamos, que atribuímos sentido às coisas. Talvez por nossa herança tribal, as histórias contadas e recontadas são uma espécie de lugar seguro para nós. É como se voltássemos para o entorno da fogueira e ouvíssemos de novo os anciões contando suas peripécias. Isso ajuda na formação de nossa personalidade. Finca raízes e faz florescer valores.

Talvez seja por isso que as capas de jornais tragam uma mescla de texto e imagem. Palavras e fotografias selecionadas. É como se fosse um jeito moderno de continuar contando histórias. Há - por assim dizer - um ideograma por dia; uma ideia traduzida em notícia que, por sua vez, é estampada num layout cuidadosamente editado no jornal. Textos que reforçam ou contradizem imagens. Imagens que acentuam ou desvirtuam reflexões. Enfim, uma detalhada arte de "en-formar".

Além de os textos de notícias serem escritos como histórias, as imagens reforçam a mensagem pretendida. As histórias formam imagens mentais. Lembram os livros infantis e sua riqueza de mensagens (para muito além do que simplesmente está escrito). Nossas histórias no cotidiano são disfarçadas de notícias. São simplesmente narrativas.

Outro dado que não se pode esquecer nesse cenário é o fato de que há uma ilusão de que as narrativas heroicas e míticas ficaram esquecidas no passado. E, com isso, a linguagem da ciência e do jornalismo, por exemplo, passaram a ocupar esse espaço de prestígio. Há uma confiança e uma credibilidade diferenciadas nos números e nos fatos. Melhor ainda se estiverem impressos. No fundo, os jornais passaram a ocupar aquele lugar ancestral dos relatos sobre o herói e suas jornadas.

Uma análise mais cuidadosa das capas dos jornais mostra que, como ocorre com as narrativas mais elaboraras dos romancistas, dia a dia, os jornais contam uma história como se fosse novela. E vão assim forjando opiniões e consciências. E os leitores vão se envolvendo, inclusive do ponto de vista emocional. Há, claramente, relação entre os elementos da edição do jornal de um determinado dia (internamente) e, ainda, um encadeamento de notícias ao longo dos dias, construindo uma espécie de série a ser seguida.

Vale a pena ler os jornais fazendo esse exercício. Tentando interpretar as palavras escolhidas para as manchetes; as imagens selecionadas para uma notícia. E tentar perceber as intencionalidades que moram por trás dessas escolhas e edições.

E essa é uma chave para compreender muitos aspectos da vida contemporânea. A despeito de toda evolução científica e tecnológica e de todos os avanços educacionais e filosóficos, a vida é compreendida ainda como uma grande novela, cujos personagens interagem, e em que ainda vigora a lógica do "nós x eles", por exemplo. Coisa, aliás, subsidiária dessa mesma herança tribal tão enraizada em nós ainda.

É claro que hoje os principais meios de comunicação lançaram tentáculos em outras tantas mídias para além do jornal impresso; em rádio, tevê, revistas, internet, redes. E, com isso, mesmo que não se perceba, há uma questão central na compreensão do enredo jornalístico que pauta a vida social – o centralismo da fonte informadora. Apesar de parecer pulverizado, o sistema é centralizado. Há pulverização na difusão. E centralização na concepção. Quem pauta são sempre os mesmos.

E nós acabamos sequestrados como peças nessa grande engrenagem que é difundir repetidamente as mesmas notícias.

Essa combinação de fatores tem promovido, por incrível que pareça, mais acirramento no comportamento instintivo e tribal do ser humano. Estamos cada vez mais emprenhados pela lógica da disputa, da competição e do conflito. Nossos dias se traduzem nos jornais, nas notícias sobre a luta pelo poder político, na concorrência econômica, nos conflitos entre nações e nas disputas esportivas. Nossas notícias são sempre marcadas pela guerra. E é a partir disso que forjamos nosso jeito de habitar esse mundo.

Por isso, é mais do que necessário uma mídia alternativa, uma imprensa livre e um leitor corajoso. Sem romper com o círculo vicioso das notícias diárias a que somos submetidos, não avançaremos. Permaneceremos estacionados lá na tribo guerreira donde nunca conseguimos sair verdadeiramente.

22.O MEIO, A MENSAGEM E A REFORMA DA PREVIDÊNCIA

Insisto na tese de que a forma como se diz é tão importante quanto aquilo que se está dizendo. Aliás, mais do que isso: o meio faz parte da mensagem.

A ideia de que o meio é a mensagem foi defendida por Marshall McLuhan – educador, intelectual e filósofo canadense, que viveu entre 1911 e 1980. Uma tese, inclusive, que nunca fez tanto sentido e esteve tão atual. Pare ele, o meio não é um simples canal de passagem do conteúdo, mero veículo de transmissão da mensagem. O meio e a forma são elementos determinantes da comunicação.

Isso é bom e ruim ao mesmo tempo.

Ruim porque, sabendo-se usar bem as palavras e as ideias, pode-se vender gato por lebre facilmente. Uma razoável parcela de "verdades" que se alardeia por aí tem a ver com as imagens bonitinhas e um bom jogo de palavras. Mais propaganda e menos comunicação.

Bom porque, se a gente souber ajustar o discurso, será possível dialogar sobre os mais diferentes temas, por mais espinhosos e conflituosos que sejam. Afinal, boa parte dos conflitos surge por conta da forma ofensiva, debochada ou anuladora do lugar do outro.

O que é imperioso, nessa questão, é a tal da empatia. Empatia significa a capacidade psicológica para sentir o que sentiria uma outra pessoa caso estivesse na mesma situação vivenciada por ela. Consiste em tentar compreender sentimentos e emoções, procurando experimentar o que sente outro indivíduo. Na raiz de empatia, está o termo grego *pathos*; uma palavra que remete, ao mesmo tempo, à ideia de sentimento e sofrimento.

Empatia é diferente de simpatia, porque simpatia é basicamente uma resposta intelectual, enquanto a empatia é uma fusão emotiva. Enquanto a simpatia indica uma vontade de estar na presença de outra pessoa e de agradá-la, a empatia faz brotar uma vontade de compreender e conhecer essa outra pessoa, mesmo que isso signifique participar de seus sofrimentos e angústias.

A título de exemplo, vale refletir sobre um vídeo a respeito de "meritocracia" que está circulando bastante nas redes sociais.

Uma fileira de jovens prestes a iniciar uma corrida. O primeiro colocado ao final da competição será premiado. Antes de dar a partida, porém, o organizador vai pedindo que deem um passo à frente os que gozaram de determinados "privilégios". Depois de meia dúzia de perguntas, uns caminharam bastante, outros permanecem estacionados na linha de partida. O organizador mostra que os que estão lá na frente assim estão posicionados porque foram privilegiados sem que necessariamente fizessem algo para isso. O mesmo ocorre com os retardatários: nada fizeram por si que os desqualificasse. Foram oportunidades desiguais apenas. Vencer a corrida não seria necessariamente uma questão de competência ou mérito. Seria, na verdade, uma boa dose de injustiça mesmo, porque uns sairiam na frente e outros lá atrás.

Se é verdade que justiça não é sinônimo de igualdade, é igualmente correto que, ao menos, oportunidades iguais já é um bom começo para se começar a dialogar sobre justiça.

Para usar uma linguagem jurídica, por exemplo, o princípio da igualdade pressupõe que as pessoas colocadas em situações diferentes sejam tratadas de forma desigual. Em outras palavras, dar tratamento isonômico às partes significa tratar igualmente os iguais e desigualmente os desiguais, na exata medida de suas desigualdades.

O vídeo é uma bela demonstração de como um discurso bem feito, coerente, sincero e humanizante pode conscientizar, convencer e debelar preconceitos.

Vi muitos dos meus amigos que, em outros contextos, seriam veementemente contra políticas públicas afirmativas ou de compensação, se sensibilizarem bastante com o vídeo. Conseguiram, em algum sentido, experimentar em si a empatia. Conseguiram compreender o que significa justiça e oportunidade.

Às vezes, falta só isso mesmo: sensibilização e empatia.

Toda sociedade é plural. E quanto mais pluralidade há, melhor. Diversidade nas ideias, nas práticas e nas gerações. Idosos, jovens e crianças partilham o tempo e o espaço exatamente para que a pluralidade de culturas, valores e ideais se encontrem e vivam sua tensão e sua comunhão.

Desde que se tem vestígio de civilização, há notícia do lugar e do valor dos mais velhos na configuração das tribos e nações. Cuidar dos mais velhos é tão caro à maioria das sociedades como é a atenção para com os mais novos. A experiência dos idosos e o reconhecimento deles é parte indispensável de toda sociedade que se deseja coesa, equilibrada e, acima de tudo, justa.

Além disso, uma sociedade que respeita e preserva a dignidade dos mais velhos é visivelmente mais inteligente e, como tal, mais bem-sucedida a longo prazo. Cria um sentimento pessoal de que o futuro é promissor, e um tempo no qual se deva depositar esperança. Uma nação que resguarda direitos dos mais experientes inibe o aparecimento do sentimento de desprezo e a falta de expectativas dos mais jovens. Alimentar a esperança é o combustível de qualquer grupo bem-sucedido.

Por isso, a questão da Reforma da Previdência é tão importante. Se, de um lado, há questões econômicas que precisam ser pensadas cientificamente, por outro, há o dado humano que não pode ser desconsiderado. Economia e política devem estar a serviço da humanidade, e não o contrário.

Se é verdade que há sim que se pensar no equilíbrio da equação entre contas públicas deficitárias, no aumento da expectativa de vida e nas contribuições previdenciárias insuficientes, há também que se corrigir os desvios e equívocos que há nessa conta toda, começando pelos privilegiados e intocáveis de sempre. O Brasil é um país de desigualdades abissais cada vez mais profundas. Há setores que sempre se beneficiam enquanto a esmagadora maioria dos trabalhadores definha em relações radicalmente desiguais. Nessas questões, parece não haver interesse em tocar.

Uma previdência social justa deve se fundamentar no sentido de solidariedade social. Na lógica de que as gerações compartilham espaço e tempo históricos e, como tais, devem harmonizar suas contas de modo que os mais abastados (em termos de dinheiro, saúde, força e tempo) cooperem com os mais fragilizados.

Não necessariamente quem apoia a reforma que aí está pensa em beneficiar bancos e seus banqueiros. Claro que não. Mas cultiva um sentimento de justiça baseado apenas na ideia da equidade. Porém, acreditar na dinâmica do "cada um por si" é, além de pouco eficiente, a mais absurda contradição. Afinal, optamos evolutivamente pela vida em sociedade exatamente para conseguirmos unir forças e dividir fraquezas. As sociedades existem para compensar as diferenças. Por isso, inventamos a política e suas tecnologias.

Talvez o melhor critério para a reforma da previdência não seja o cálculo matemático, mas o valor humanístico. O crivo deve ser o lugar e o modo como eu desejo viver na minha velhice; e esse lugar e esse modo devem iluminar meu posicionamento sobre os demais.

Talvez seja a hora de reposicionarmos os mais vulneráveis à nossa frente e assumirmos os seus riscos como sendo os nossos também. O futuro seguramente nos mostrará que terá valido a pena.

Assista ao vídeo correlato ao assunto:

POLÍTICA

23.UMA NOVA SOCIEDADE PASSA PELA VALORIZAÇÃO DO INDIVÍDUO

Há uma polarização equivocada sobre socialismo e liberalismo e, em algum sentido, sobre esquerda e direita. Por causa de governos corruptos e manobras que só atendem a interesses de uns poucos privilegiados, ou misturamos tudo como se fosse a mesma coisa, ou distinguimos tudo como se do outro lado nada prestasse.

O liberalismo erra ao acreditar no livre mercado como instância de gerência da sociedade, como se essa entidade fosse capaz de autorregularização. Os desdobramentos dessa ideia dão origem a conceitos de Estado mínimo, meritocracia e outros tantos mais, e redundam na exclusão de multidões que não têm oportunidade da inclusão. Mas acerta quando enxerga no potencial dos indivíduos a força do desenvolvimento da sociedade. Quando compreende que o desejo pessoal por superação pode ser uma fonte de avanço.

O socialismo, por seu turno, engana-se ao crer numa sociedade de plena distribuição sem que haja a participação ativa do indivíduo. Equivoca-se ao defender a tese de um Estado máximo que, como um grande pai, deve gerar e gerir tudo. Mas acerta ao se sensibilizar com a fraqueza humana e suas misérias. Ao compreender o lugar da solidariedade social diante das vulnerabilidades. E ao denunciar a falsa ideia do mercado autossuficiente.

Estado mínimo e livre mercado, de um lado, Estado máximo e controle total de mercado, de outro, são faces de uma mesma realidade. Poder pelo poder. Ou pela vertente econômico-

-ideológica ou pela político-ideológica. O desafio que temos não se resume a uma via intermediária, conciliatória, mas a uma profunda reconstrução sob novas bases e com novas perspectivas.

Primeiro, um caminho que priorize a pessoa. Especialmente aquela que esteja em situação de vulnerabilidade e risco. Para isso, tão importante quanto políticas públicas, é necessária uma mudança de mentalidade. Construir a sensibilidade de olhar para o outro como sujeito de direitos, que tem na coletividade a única fonte de amparo, momentâneo ou permanente.

Segundo, um Estado que consiga se reformar permanentemente de modo que não perca sua vocação originária, que é garantir direitos (e, por isso, fiscalizar deveres). Um Estado que leve ao ponto de estimular o trabalho, a livre iniciativa, a cooperação, o mercado como trânsito e comunhão. Um Estado eficiente na medida do suprimento das necessidades vitais das pessoas para sua plena dignidade.

Terceiro, uma lógica econômica que parta do princípio da solidariedade. Do trabalho como mecanismo de viabilização da vida e redução de desigualdades. Uma economia cooperativa que estimule o esforço do indivíduo e inspire a comunhão dos resultados. Uma economia que se assuma como ferramenta de socialização. Política e economia que se entendam como meios, e não como fim em si mesmas.

Fundamental, nesse processo, é a discussão sobre o conceito de propriedade. O que há nesse planeta é recurso dele próprio (que, na verdade, é tomado pelo ser humano e por ele transformado – ao que designamos como trabalho). Mesmo as ideias são recursos da coletividade – frutos da jornada histórica e social da humanidade. Defender a propriedade como privada é talvez a raiz do egoísmo e de suas exclusões. Uma nova sociedade exige uma nova mentalidade sobre quem somos.

Desde as grandes tradições religiosas até a psicologia moderna, passando pelos discursos de coaching e autoajuda – ainda que com seus méritos de valorização humana – fomos educados na lógica do "eu" e da "propriedade". Da vida eterna num céu de ouro ao melhor vendedor batedor de metas, a lógica de base é a mesma: superar e vencer, individualmente (no máximo, como grupo: a igreja, a empresa, a família, o partido).

Uma nova sociedade passa pela valorização do indivíduo, pela inspiração da cooperação e pelo empenho da solidariedade, que exige um Estado, ao mesmo tempo, sensível para os fracos e leve para os ágeis; que seja eficiente para o empreendedor, e provedor para o necessitado; que não seja peso para o que arrisca, muito menos berço para o que se acomoda. Uma nova sociedade requer que política e economia voltem seus esforços para além de si, na direção dos cidadãos. É o salto do singular para o plural. Mergulho que exige comunhão com o íntimo e abertura para o todo.

Assista ao vídeo correlato ao assunto:

24.A DESQUALIFICAÇÃO DA POLÍTICA NO BRASIL E A QUESTÃO ECONÔMICA GLOBAL

Quase não há mais notícia no Brasil que não seja sobre escândalos na política. Por isso, a tendência geral é criminalizá-la. E, de fato, a classe política chafurdou-se de tal forma que se autoinviabilizou.

Essa desqualificação, porém, se dá por razões de natureza também política. Há na ordem do dia um projeto político sendo esculpido. O que se intenta fazer é mudar apenas os atores. O enredo se manterá.

A tese da moralização não se sustenta. Há rumores sobre operadores do poder judiciário envolvidos em corrupção. A ausência de investigações consistentes é reveladora: o judiciário também é político.

Aliado a isso, a grande imprensa faz seu trabalho sistemática e seletivamente. A notícia não é, por sua natureza mesma, neutra. O que é notícia o é a serviço de algo. E esse "algo" é sempre político. Valeria aqui refletir sobre a tal pós-verdade.

Além disso, não se deve elidir da reflexão o fator econômico. Não há independência entre política e economia. Quem serve a quem, todavia, é a questão central. Na sociedade capitalista, a política é um braço institucional das grandes corporações econômicas.

Assim, tem-se o seguinte: cria-se midiaticamente um ambiente de desgaste, desmoralizam-se as instituições políticas, empodera-se até o esgotamento de credibilidade o judiciário e, com isso, abre-se espaço para interesses econômicos que, em condições normais não se toleraria.

É por esse conjunto de fatores, inclusive, que discursos extremistas ganham força. Fascismos variados colocam a cabeça para fora. E são um risco cada vez mais factível.

Talvez as promessas em torno do petróleo do pré-sal sejam o pivô de tudo isso. O setor energético, além de estrategicamente importante para qualquer sociedade, é, do ponto de vista econômico, o que há de mais rentável nas próximas décadas (ao lado do sistema financeiro). Um governo do campo progressista e com algum recorte nacionalista não é exatamente o que as grandes corporações internacionais desejam num país sentado sobre bilhões de barris de petróleo. Por razões semelhantes, Venezuela e Síria (cada uma com seus próprios modelos) têm pago preços muito altos – sobretudo, humanos.

A defenestração de Dilma e a condenação de Lula, por exemplo – respectivamente em agosto de 2016 e janeiro de 2018 – não teve a ver exclusivamente com o "combate à corrupção". O buraco é mais embaixo (e em águas muito profundas). Temer foi visto como um braço útil no processo. Mas numa caça às bruxas dessa envergadura não dá para se ter controle milimétrico de tudo. Sua saída em janeiro de 2019 será logo suprida por um personagem tão útil quanto – mesmo que para isso tenha que se mudar a Constituição ou, pior, instalar-se alguma exceção no Estado.

Para aquém da grande questão econômica energética, setores internos (políticos e econômicos) aproveitam o desgaste do Estado – solapado de acusações de corrupção – para implementar uma agenda de privatizações, de austeridade orçamentária e de recuo nos direitos sociais. É o mundo perfeito para a radicalização de pautas que, nas urnas, seriam (como foram) derrotadas.

Agora, partindo-se do princípio de que o país tem riquezas econômicas sedutoras aos interesses globais e que possui uma população expressiva, há que se considerar algo de positivo nisso tudo. É possível um movimento de (re)construção nacional. E esse movimento só será bem-sucedido se o for pelo viés político.

Eis diante de nós o desafio: como reconstruir a política em um mundo cujo maior valor é o dinheiro? Negar o aspecto econômico, além de inocente, é inviável. Tratá-lo pelas vias já conhecidas do socialismo teórico clássico ao neoliberalismo de mercado é mais do mesmo. Temos, portanto, uma agenda: realinhar a política de modo a fazer com que a economia esteja a serviço das pessoas, e não o contrário. Essa agenda, gostemos ou não, é fundamentalmente política.

> "
> **NÃO HÁ INDEPENDÊNCIA ENTRE ECONOMIA E POLÍTICA.**

25. POLÍTICA & GESTÃO: O ENGÔDO DA POLARIZAÇÃO

Há uma má vontade generalizada com os políticos; com a política, portanto. O que é, até certo ponto, compreensível.

Sob o discurso de combate à corrupção (que, óbvio, precisa ser superada), tem se levantado a tese da gestão eficiente, como se a administração puramente técnica fosse a fórmula mágica de controle da corrupção política.

Criou-se equivocadamente a polarização "política *versus* gestão". Mais do que um erro, por trás dessa tese se aloja uma bem orquestrada reformulação de conceitos políticos muito retrógrados e diminuidores de direitos.

A questão, na verdade, é que gestão é apenas ferramenta de trabalho. Antes dela, é preciso um projeto. E é isso que se denomina política.

A política ilumina a gestão. A gestão depende da visão política. É claro que quanto melhores as ferramentas de gestão, melhores também as chances de resultados mais perceptíveis. Mas a qualidade desses resultados depende, antes de tudo, do projeto político que se tenha. Os fins determinam os meios.

Numa democracia, quando fazemos uma escolha (um voto), o fazemos (ou deveríamos fazer) em relação às políticas públicas que aquele candidato e o seu grupo propõem e representam. Não há salvadores da pátria. Há, mesmo que se deseje passar a impressão do contrário, projetos políticos que subjazem a ação (a gestão).

Em tempos de novos(as) prefeitos(as) assumindo suas cadeiras, vale a pena refletir sobre o que queremos. Não há gestão sem política. E essa ideia de que o prefeito é um gestor (e não um político) é um engodo.

O que há – e isso é péssimo – é um discurso da eficiência pela eficiência. Esconde-se, todavia, sob esse argumento, uma agenda de "menos" público, "menos" política.

Quem perde é a coletividade. Perde porque os projetos políticos sem a ampla discussão da coletividade tendem a perseguir interesses particularmente localizados. Perdem especialmente os mais vulneráveis social e economicamente.

Pode soar dissonante com os discursos da moda, mas o que mais se precisa hoje é de política; mais política.

26.POR MAIS VEREADORES: DIVAGAÇÕES NA CONTRAMÃO

Há, em muitas cidades brasileiras, um discurso de que se deseja menos vereadores nas câmaras municipais, sob o argumento de economia para os cofres públicos. Parece bom. Mas há outros caminhos.

Explico: minha cidade, por exemplo, precisa de mais. Necessita de mais gente pensando e trabalhando. Mais pessoas de boa fé dispostas a dedicar seu tempo e sua experiência ao bem coletivo.

Penso que podíamos ensaiar aqui na minha cidade um projeto diferente. Um vereador para cada mil habitantes. Teríamos uns 200 vereadores! Bom, não é?! Mais representatividade. Mais condições para cada bairro, cada associação, cada grupo ter seu representante e sua voz.

Aí poderíamos tentar inovar ainda mais. O voto poderia ser facultativo; daí o candidato, além de convencer alguém a votar nele, teria, antes, de convencer o eleitor de que vale a pena votar.

O colégio eleitoral poderia ser em esquema distrital. Algo que promovesse maior proximidade entre eleitor e vereador. Embrião de uma democracia direta, de fato.

O mandato deveria ser de apenas um ano, podendo ser reconduzido por igual período, sem direito à reeleição por, pelo menos, uns dez anos.

As eleições seriam em dias úteis, sem ferir o andamento e a rotina da cidade.

As propagandas só poderiam ser feitas na internet ou em material impresso, além, é claro, da campanha corpo a corpo, porta a porta. Os candidatos deveriam ter um teto máximo de gastos na campanha, teto esse igualmente acessível a todos. Meios de comunicação de massa estariam de fora dessa publicidade.

O candidato deveria, obrigatoriamente, ter vínculo empregatício formal e atuar como vereador por 15 horas semanais, à noite, voluntariamente.

Penso que não devesse haver remuneração. O trabalho teria caráter voluntário, como já ocorre com muitos conselhos e clubes de serviço.

Assessorias seriam proibidas, assim como qualquer condição diferenciada que o poder econômico de um indivíduo pudesse lhe dar sobre os demais.

Os projetos de Lei deveriam passar, antes de serem levados à votação, pelo crivo técnico de instituição pública formada por concursados capazes de avaliar sua constitucionalidade e demais repercussões cabíveis.

Deveriam, ainda, ser relacionados, necessariamente, a dar cumprimento ao plano diretor da cidade; ou sobre questões de caráter de urgência.

As relações entre o poder executivo e o legislativo só poderiam ocorrer de forma pública, contando, obrigatoriamente, com a presença de representações da sociedade civil, ou em reuniões transmitidas ao vivo. Gabinetes fechados seriam tratados como crime.

Mais vereadores e relações mais transparentes dificultariam a instrumentalização entre os poderes. O executivo não teria condições de "comprar" o legislativo com seus cargos e favores. O legislativo, por sua vez, não travaria o executivo por não estar se beneficiando direta e pessoalmente. Talvez, assim, houvesse mais harmonia e autonomia entre os poderes.

O orçamento para a casa legislativa não poderia exceder 1% do orçamento da cidade. Os funcionários dessa instituição deveriam ser todos concursados.

Os vereadores deveriam ter seus parentes imediatos (filhos, por exemplo) matriculados na rede pública de educação.

Penso que não deveriam ser permitidas nomeações. Parentes dos vereadores não poderiam ser nomeados em quaisquer órgãos públicos.

Na verdade, isso seria o início; depois teríamos que rever o executivo. Mas isso é tema para outra reflexão.

> "
>
> **OS VEREADORES DEVERIAM TER SEUS PARENTES IMEDIATOS (FILHOS, POR EXEMPLO) MATRICULADOS NA REDE PÚBLICA DE EDUCAÇÃO.**

27. O QUE É O FASCISMO?

"Uma série de autores, neste momento em que uma onda de direita com tons radicais começa a alcançar democraticamente o poder em vários países, propõe novas leituras."

Estamos assistindo à emergência de governos conservadores (e mesmo reacionários) pelo mundo afora, e com isso o termo fascismo voltou a ocupar nosso vocabulário. Mas, afinal, o que é fascismo?

O primeiro teórico do fascismo foi o jurista alemão Carl Schmitt, que, na década de 1920, criticava a incapacidade das democracias para lidar com momentos de crise.

Schmitt criou uma proposta de sistema que compatibilizava o liberalismo econômico com o antiliberalismo político.

Uma autora também importante para a gente compreender o fascismo é Hanna Arendt. Um conceito observado por ela é a "banalidade do mal", que aparece, por exemplo, na indiferença ou na adesão à violência policial contra excluídos, na censura às artes, na perseguição ao conhecimento e à pesquisa na academia.

Uma série de autores, hoje, neste momento em que uma onda de direita com tons radicais começa a alcançar democraticamente o poder em vários países, propõe novas leituras. Dois, em especial, ajudam na compreensão: Jason Stanley e Madeleine Albright. Ambos chegam a conclusões parecidas.

"O fascismo é um método de fazer política". "É uma técnica para chegar ao poder." "Oferece soluções simples para questões complexas em tempos de crise". "Fascistas subvertem, desacreditam e eliminam as instituições liberais da sociedade".

Para esses autores, o fascismo constrói uma narrativa de que parte da sociedade se enxerga como vítima; baseada na mentira, numa tentativa de obscurecer a verdade; são movimentos extremamente masculinizados, carregados de símbolos ligados à hombridade, às armas; e são muito mobilizados em torno do que consideram ser uma decadência sexual.

Além dessas características, vale a pena lembrar do pensador italiano Umberto Eco, que aponta para o fato de que há uma tendência, uma mentalidade fascista permanente, que ele chama de "fascismo eterno". Eco descreve características recorrentes desse fascismo: culto da tradição; rejeição do modernismo; culto da ação pela ação; educação para que todos se tornem heróis; discordância como sinônimo de traição; medo da diferença; apelo à frustração social; obsessão pela conspiração; visão do inimigo como forte e fraco ao mesmo tempo; o pacifismo como conluio com os inimigos; desprezo pelos fracos; machismo e porte de armas; populismo e linguagem pobre.

Além de tudo isso, é preciso destacar o aspecto psicológico do fascismo. A adesão não é meramente um gesto racional de repulsa ao sistema estabelecido. O fascismo tem, em sua estruturação, um forte acento psicológico, inconsciente, emocional e, mesmo, de irracionalidade.

Segundo Reich, "o fascismo é a atitude emocional básica do homem oprimido da civilização autoritária da máquina, com sua maneira mística e mecanicista de encarar a vida. É o caráter mecanicista e místico do homem moderno que cria os partidos fascistas, e não vice-versa."

Pode parecer contraditório, mas Reich identifica nessas duas dimensões – no mecanicismo e no misticismo – a incubadora do fascismo. Não é uma questão de mais ou menos cultura formal acadêmica ou artística. Tem a ver com emoção, inconsciente, sentimento e instinto.

É isso: há que se manter a atenção. O fascismo, por mais improvável que pareça, ronda nosso tempo. Ronda nossa casa. Ronda nossa mente. E é um risco real.

Assista ao vídeo correlato ao assunto:

28. ÉTICA, POLÍTICA E PARTICIPAÇÃO

Política é, em essência, a arte de gerir uma cidade. Cidade compreendida como a reunião das pessoas. Por isso, política deve ser, por princípio, voltada para a pessoa em sua individualidade e para as pessoas em sua coletividade.

O grande desafio político, portanto, é a capacidade de gerir e prover as necessidades da coletividade, sem, todavia, perder de perspectiva a singularidade de cada pessoa.

Ao longo do tempo, houve esforços civilizatórios nessa direção. Primeiro, com a experiência democrática grega. Depois, com a república romana. Os estados modernos mesclam ambas as perspectivas, mas assentam-se prioritariamente sobre a experiência republicana.

Na república, são eleitos representantes. Com populações cada vez maiores e mais complexas, a prática da representação tem sido o caminho adotado para garantir que as maiores fatias da população não se aproveitem de sua vantagem numérica para oprimir minorias raciais, ideológicas ou religiosas.

É isso que, modernamente, denomina-se democracia republicana. Ou seja, uma democracia (não direta) baseada no princípio da representação política; que, por sua vez, está associado a uma modalidade de controle regular do poder governamental por parte daqueles que não podem exercê-lo pessoalmente, transferindo para outros essa tarefa.

Há basicamente três modelos da representação política:

1) A delegação (ou mandato imperativo) confere ao representante eleito a função de executor das determinações daqueles que o elegeram (é o caso, por exemplo, de embaixadores).

2) A representação, propriamente dita (como relação de confiança), confere ao eleito um mandato que se caracteriza como sendo autônomo, cujo campo de atuação política é abrangente, mas sempre voltada para defesa dos interesses dos eleitores em sua totalidade. Ou seja, o eleito representa o povo e tem a prerrogativa de agir livremente para os interesses do povo, independente do seu grupo específico de eleitores.

3) A representação como espelho (ou sociológica), por fim, enxerga a sociedade dividida entre variados grupos de interesses. A ideia de bem comum gradualmente cedeu lugar ao princípio de pluralismo e conflito de interesses. Desse modo, as instituições representativas acabariam por "espelhar" politicamente a heterogeneidade de interesses presentes numa sociedade.

Diante desse quadro, há clareza quanto à ineficiência da figura de um delegado nas modernas composições políticas. O que menos se necessita é de gente repetindo o interesse de quem o elegeu (porque isso daria ainda mais poder a quem já tem poder econômico e midiático).

Há clareza também quanto à existência de uma crise do chamado sistema de representação como relação de confiança, especialmente motivada pelo descolamento do mandatário e da realidade social. Há um abismo cada vez mais intransponível entre esferas de poder instituído e demandas humanas e sociais concretas.

O desafio, historicamente colocado, é aprofundar as experiências de democracia participativa. Um aprofundamento da representação sociológica.

A democracia participativa ou semidireta é aquela que – partindo de uma democracia representativa – utiliza-se de mecanismos que proporcionam ao povo engajamento nas questões políticas, legitimando questões de relevância para a comunidade como um todo, através de uma participação direta (seja pelo plebiscito, referendo, iniciativa popular, audiência pública, orçamento participativo, consultas ou por qualquer outra forma que manifeste a ação do povo).

Nesse modelo de maior participação democrática, as organizações da sociedade civil tornam-se interlocutoras políticas legítimas e influentes, e adquirem maior visibilidade, sobretudo com o processo de democratização.

Nisso tudo, porém, resta claro que a democracia participativa só poderá ser realizada quando os cidadãos abandonarem um certo individualismo e tiverem um maior senso de coletividade.

O grande desafio político, portanto, é, repito, a capacidade de gerir e prover as necessidades da coletividade, sem, todavia, perder de perspectiva a singularidade de cada pessoa.

A Política, assim compreendida, é a expressão e a materialização da ética de uma sociedade.

29. POLÍTICA E RELIGIÃO

Há dois equívocos sérios no que diz respeito à relação entre política e religião.

O primeiro tem a ver com aquele que faz do discurso religioso uma espécie de marketing eleitoral; ou seja, utiliza-se do imaginário místico da religião para lançar candidaturas e construir lideranças messiânicas. Tem a ver com a instrumentalização do espírito religioso em favor de causas estritamente partidárias.

É o que ocorre, por exemplo, com parcelas significativas das igrejas evangélicas no Brasil e seus bispos e pastores candidatos: em razão de suas doutrinas e costumes muito conservadores, acabam por servir de base (e se retroalimentam também) para candidaturas também muito conservadoras, algumas até mesmo reacionárias. Partem da ideia de uma salvação do mundo que exige mais mudança de costumes, menos de princípios. Algo que esbarra no messianismo. E no oportunismo também.

De outro lado, há o equívoco dos que pretendem neutralizar a religião como se ela nada tivesse a ver com política. Partem do princípio de que a religião cuida de questões estritamente espirituais e divinas, enquanto a política das questões materiais e humanas (como se fosse possível existir uma distinção entre esses supostos dois mundos pretensamente opostos e antagônicos entre si). Se bem que esse tipo de discurso, em geral, serve também para fortalecer aquele primeiro.

Atualmente, um bom jeito de ser partidário é dizer que não é político. Vale lembrar que o novo testamento cristão, para ficar no exemplo da religião dominante no país, faz referência a um "reino" de Deus; ou seja, a presença de Deus no mundo, na fé cristã, se dá efetivamente através de uma existência política, por meio de um reinado. Do contrário, outro termo (que não reino) seria utilizado.

Além disso, vale resgatar o significado originário da "cruz" que (antes de se tornar estritamente um símbolo religioso e quase inofensivo, diga-se de passagem) era um instrumento da estrutura jurídica e penal do Império Romano, como ferramenta de tortura e morte para os condenados. Jesus foi morto numa cruz exatamente por ter pregado um reino. E o fez pela via política, sim. Não o fosse, não seriam Caifás e Pilatos seus algozes. Dessa forma, na tradição cristã (e o mesmo vale para as muitas famílias religiosas que há), política e religião são coirmãs.

Toda espiritualidade que se reconhece como instrumento de transformação profunda da pessoa (conversão) e da sociedade (revolução) é necessariamente uma espiritualidade política.

Assista ao vídeo correlato ao assunto

30.AUTONOMIA

"A diferença entre o carvão e o diamante é a pressão a que são submetidos."

A democracia brasileira, além de imatura, passa por uma crise séria. Há em curso no país uma subtração sistemática e acelerada de direitos. E qualquer voz dissonante tem sido negligenciada e perseguida.

Por isso, em vez de virar as costas para a democracia como valor (como infelizmente parece estar acontecendo, com a criminalização da política, por exemplo), é hora de radicalizar nos mecanismos para que a experiência democrática seja mais condizente com as necessidades reais da população. Radicalizar ainda mais na concepção de que política não é um fim em si; aprofundar a lógica de que política é meio, é ferramenta para organizar a vida social e garantir espaço e dignidade para todos, indistintamente.

Nesse sentido, o ambiente político deve contar com representações mais diretas da sociedade civil; espaços em que os diretamente envolvidos e interessados nas questões tenham voz e oportunidade de decisão. É nesse contexto que se inscrevem os "conselhos".

Os conselhos têm muitas funções: deliberar, normatizar, fiscalizar, controlar, assessorar, mobilizar e mediar. Têm por objetivo estimular e propor a formulação de políticas públicas nas mais diversas áreas.

Em outras palavras: as demandas da população devem ser atendidas pelo Poder Executivo, sim (na medida em que foi eleito para o exercício da gestão); mas essas mesmas demandas são catalisadas pelos órgãos colegiados – pelos conselhos – para que haja relativização do poder executivo, ou seja, para que haja garantia de que o arbítrio do gestor seja permanentemente checado junto às bases da sociedade.

Um governo se equivoca quando não reconhece o lugar e a missão dos conselhos. Por isso, é urgente a atenção de toda a sociedade quando os governos sequestram esses espaços públicos.

É na direção de inibir essa postura autoritária dos governos que a legislação prescreve que os conselhos devam ser organizados de maneira democrática, participativa e com caráter de entidade pública. E – mais importante – devam ter assegurada sua autonomia em relação ao Poder Executivo.

Um conselho independente, porém, não significa oposição irrestrita. O espaço dos conselhos, embora político, é distinto da arena de disputa eleitoral. Ao redor da mesa estão entidades e grupos diversos (governo, sociedade civil, sindicatos, entidades, profissionais e outros conselhos), mas sua atuação deve ser qualitativamente distinta daquela operada em seus espaços próprios de origem.

Conselhos existem para ser voz organizada e mostrar aos gestores as necessidades e os sonhos da sociedade. Uma confusão tem que ser eliminada: conselhos não são governo.

Por exemplo, o governo tem por função administrar; os sindicatos, lutar pela garantia e ampliação dos direitos dos trabalhadores. Por isso, há espaços de negociação entre governos e sindicatos. E, não raro, disputas, manifestações e greves. No conselho, porém, apesar de estarem presentes as representações de governo e de sindicato, o fórum é dedicado à formulação das políticas públicas. Ou seja, governo precisa agir mais como conselho e menos como governo; sindicato precisa agir mais como conselho e menos como sindicato.

Em outras palavras: o lugar a partir do qual governo e sindicato falam são naturalmente distintos – e é razoável que haja enfrentamentos – mas essa pluralidade no espaço do conselho deve garantir mais a qualidade do serviço público e menos a tensão imobilizadora da disputa política.

Um governo realmente democrático preza pela existência dos conselhos. Um governo competente consegue acolher as propostas dos conselhos e sabe reconhecer o valor do seu trabalho, o valor de servir à coletividade. Um conselho sério é aquele que conhece seu espaço; que age como órgão de propostas e de articulação.

Um conselho eficiente respeita o governo e com ele colabora, mas não se furta de cobrar, fiscalizar, questionar e, acima de tudo, pressionar.

A palavra de ordem nesse contexto todo é "autonomia".

> "
>
> **CONSELHOS EXISTEM PARA SER VOZ ORGANIZADA E MOSTRAR AOS GESTORES AS NECESSIDADES E OS SONHOS DA SOCIEDADE.**

31. POLÍTICA, FUNDAMENTALISMO E ANACRONISMO

A vida é uma realidade construída. O que nos sucede, pessoal ou coletivamente, está transpassado pelas mediações e interferências culturais, políticas, econômicas. A vida não é resultado mecânico de impulsos naturais, genéticos ou psicológicos. Não há, por assim dizer, predeterminações.

O conhecimento – mesmo aquele de origem não formal – é uma das tantas lentes de apreensão da realidade. Captação da realidade que gera sentido e que outorga identidade.

Essas "lentes" que são a religião, a política, a moral, a família... são decisivas no processo de construção da personalidade e da tomada de decisões. Tornam-se parte integrante daquilo que somos.

Como tudo que integra a identidade, elas devem se permitir sofrer mudanças e se ajustar aos novos cenários que têm diante de si.

O foco é essencial para que o que deve ser visto o seja com a maior claridade possível. Lentes devem ajudar a ver melhor ou permitir que o que não é possível de ser visto a olho nu seja captado por intermédio delas.

Essencial é que se atente, dia após dia, de modo que as lentes sejam adequadamente calibradas.

Por conta disso tudo, dada a constante instabilidade das lentes e dos cenários, é que se corre o risco de cometer equívocos especialmente nocivos à forma como vemos e vivemos a realidade. Há dois equívocos especialmente ruins.

O primeiro tem a ver com confundir a lente com a realidade e torná-la fim em vez de meio. Quando isso ocorre, há uma profunda diminuição da magnitude da vida e, ao mesmo tempo, um superdimensionamento dos discursos e das ideias em detrimento dos fatos e das pessoas. Sempre que isso se dá, afundamos no fundamentalismo.

Fundamentalistas são os discursos que não conseguem ver o que há no derredor. É fundamentalista quem tem a postura de se sentir no centro do mundo e dono da verdade. As religiões são, potencialmente, fundamentalistas, porque se arvoram como salvadoras das almas. Mas há fundamentalismo em tudo: de futebol à política, de economia à cultura.

O outro equívoco devastador é não ter a sensibilidade de focar a lente para atender as demandas do que deve ser visto e captado. E aí ocorre a distorção. A realidade vista distorcidamente é pior do que não percebida ou captada fantasiosamente.

A distorção ocorre quando a lente de um tempo é usada noutro e as conclusões tiradas são absorvidas ingênua e, talvez, inocentemente.

Palco privilegiado disso são os discursos políticos. Quando ideias muito fortes de um tempo se eternizam como se fossem cabíveis em qualquer cenário. A isso, dá-se o nome de anacronismo.

É como se gente da terceira idade ainda se vestisse com a moda dos adolescentes de seu tempo. O que, curiosamente, não deixa de ser o mesmo fundamentalismo.

Com mentes fundamentalistas não há espaços para discussão. Suas lentes se tornaram opacas com o tempo e já não são capazes de mediar a compreensão da realidade. Vivem noutro mundo e acreditam nele como se fosse o único possível.

Eis o desafio do nosso tempo: romper com fundamentalismos e anacronismos, ajustar lentes, focar a realidade e, acima de tudo, respeitar as identidades.

> "
>
> **FUNDAMENTALISTAS SÃO OS DISCURSOS QUE NÃO CONSEGUEM VER O QUE HÁ NO DERREDOR.**
> **É FUNDAMENTALISTA QUEM TEM A POSTURA DE SE SENTIR NO CENTRO DO MUNDO E DONO DA VERDADE.**

RELIGIÃO

32. NÃO USAR O NOME DE DEUS EM VÃO (I)

Se eu ainda alimentava alguma dúvida sobre a relação entre fé e consumo, a tarde de 10 de dezembro de 2011, em frente à televisão, dirimiu por completo minhas questões sobre o assunto. Fé tornou-se objeto de consumo ou, pior, incentivo ao consumo.

A Rede Globo de Televisão (talvez movida pela concorrência com a Record do Bispo Macedo) e alguns artistas do "mercado gospel" se uniram no festival *Promessas*, evento de música religiosa evangélica para um grande público no Aterro do Flamengo, no Rio de Janeiro.

A música gospel fatura bilhões e tem, cada dia mais, chamado a atenção das mídias, gravadoras, políticos e investidores dispostos a mergulhar nesse mar cheio de oportunidades. Pesquisas recentes revelam que esse mercado é um dos mais rentáveis no país (movimenta R$ 1,5 bilhão por ano e é o único segmento fonográfico que cresce em venda de discos). Segundo dados da Associação Brasileira de Produtores de Disco (ABPD), o estilo está presente entre os 20 CDs mais vendidos no Brasil.

A música saiu dos templos e invadiu os mercados. Com ela, surgiram artistas, empresários, contratos e tudo que demanda um empreendimento artístico e cultural dessa envergadura.

Está claro para mim que a fé tem um papel social importante e, acima de tudo, impactante. O discurso da fé não é um entre os demais. É um modo de ver a realidade que molda os demais discursos e, como tal, forma opinião e determina decisões e comportamentos.

Meu conflito está no fato de que a multidão de fãs da música gospel não se diferencia do restante da população e, por uma questão de coerência com os princípios que as próprias letras alardeiam, não fazem diferença na sociedade.

Continuamos um país com péssima distribuição de renda, com altos índices de analfabetismo, subemprego e corrupção. A representação evangélica nas esferas de governo e legislatura não são em nada melhor ou diferente da política pequena e corrupta que domina no país.

É fato que as igrejas cresceram muito e há hoje uma população consideravelmente grande daqueles que se identificam como "evangélicos". Mas é fato também que isso não mudou em nada a face da nação, como requeria o Evangelho de Jesus ao nos exortar a sermos "sal da terra e luz no mundo".

Por outro lado, fico sempre a me perguntar sobre questões teológicas. Primeiro, e mais óbvia, é a observação sobre o conteúdo das letras e a qualidade das músicas. Nada que se aproxime da boa música popular e da poesia brasileira. Há muito dinheiro envolvido e muita riqueza dispensada em tecnologia, marketing e contratos, mas muito pouca qualidade musical de fato. A fé cristã dispõe de um depósito generosamente grande de tradição e reflexão, mas as músicas das rádios e televisões são impressionantemente pálidas, iguais e de baixa qualidade.

Se eu acreditasse na existência de um inferno, diria que os torturadores de lá usam música dessa natureza para açoitar suas vítimas, eternamente...

Além disso, banalizam o nome de Deus. Como já afirmei em outras oportunidades, não há mandamento contra o qual as religiões mais tropecem do que o segundo deles – "não usarás o nome do Senhor teu Deus em vão"; destaque especial deve ser feito para as rádios e artistas evangélicos. Usam e abusam do nome de Deus como se esse não fizesse a menor diferença. Virou entretenimento e música de recepção. Saíram dos templos, onde funcionavam como instrumento de louvor, e assumiram as *hits parades*, onde o que vale é a efemeridade da mudança e do ineditismo.

Com cachês milionários – e, diga-se, imorais – os artistas gospel sustentam e reforçam cada dia mais as máximas da teologia da prosperidade; visão de mundo baseada na ideia de que os abençoados são, necessariamente, bem-sucedidos e prósperos. A fé, vista dessa forma, não passa de uma senha para acesso ao mundo do consumo e da felicidade.

Quem antes buscava na Igreja um conforto especial para seus dramas e tristezas e, além disso, comprometia-se pela fé numa ação convertedora da maldade desse nosso mundo, agora vai ao shopping (com roupa de missa) e, lá, compra um CD do último artista gospel; namora um celular novo na vitrine e, por fim, participa de uma eucaristia à prosperidade no McDonald´s.

Triste que a Igreja tenha saído da marginalidade assim, se assimilando a esse mundo e dele fazendo parte. O Apóstolo Paulo foi esquecido porque suas palavras eram duras demais: “não vos conformeis com este mundo, antes transformai-o pela renovação da vossa mente” (Rm 12,1).

“

A MÚSICA SAIU DOS TEMPLOS E INVADIU O MERCADO.

33.NÃO USAR O NOME DE DEUS EM VÃO (II)

Ainda sobre a relação entre fé e consumo. Refletia um pouco sobre a maneira como a Rede Globo estava se aproximando do público evangélico e como esse, por sua vez, especialmente por meio de seus artistas, deixava-se levar pela sedução dos meios de comunicação de massa e tudo que eles incorporam: consumo, ideologia e lucro.

Recebi dezenas de respostas. Muitas delas repletas de defesa e, até, agressão. Muitos, muitas outras, entretanto, dispostas a discutir e trazer à tona outros aspectos não discutidos naquele primeiro texto. Foi uma experiência interessante.

Escrevo o presente comentário novamente para esclarecer algumas questões, com base no que li nas mensagens que me remeteram.

Primeiro, uma nota autobiográfica: sou cristão, de orientação protestante. Sou formado em Teologia e sou pastor na Igreja Metodista da 1a Região Eclesiástica (Rio de Janeiro).

O fato de ser evangélico não me permite, todavia, fechar os olhos para o óbvio e ignorar que o atual estado das coisas é sério. Repito: lamento que a música gospel tenha se assimilado ao mercado de bens culturais de consumo e dele faça parte com todos os seus vícios e transgressões.

Não vejo nada de mau em denunciar o que considero equivocado. Mas respeito, profundamente, quem pensa diferente e tem iniciativa em dizê-lo de forma educada.

Mais ainda, para além de evangélico, sou ecumênico. E, como tal, creio na experiência cristã que passa, necessariamente, pelo diálogo, pela tolerância e pelo encontro com o diferente.

Por isso, insisto tanto em me aproximar dos que me são distintos e com eles prezo pela comunhão.

Essa mesma disposição me dá, também, a liberdade de refletir sobre a realidade que é maior que o meu quintal confessional.

A sociedade brasileira é, desde suas origens, marcada visceralmente pela Igreja Católica. Não dá para pensar a cultura nacional sem passar pelo aspecto religioso e ideológico marcado pelo clericalismo autoritário e pela liberdade da fé popular. Essa mescla paradoxal de magistério e sincretismo forjou o que somos e alcançou, inclusive, facetas de outras confissões religiosas. O que dizer, por exemplo, quando se vê na televisão os programas neopentecostais que tão bem dialogam com as religiões afro-brasileiras (mesmo que sob o código do combate e do proselitismo)? Ou pensar na lavagem das escadarias da igreja do Senhor do Bonfim? Isso é fruto de uma matriz cultural plural e profundamente relacional.

Recorro às palavras de um colega para concordar: "as novelas e os enlatados da Globo projetam um universo de difícil decifração para esse contingente, que, vindo dos extratos baixos das classes E e D, não dominam os códigos necessários à operação do relativismo cultural que impera no espírito de nossa época." E acrescenta: "aliás, ao usar o termo Godspel, parece que a 'Venus Platinada' deixa uma porta aberta também aos Carismáticos (católicos). [...] Ambos, evangélicos pentecostais e carismáticos, adaptaram a religião cristã à estética do programa de auditório. A nova trindade agora é Silvio Santos, Faustão e Gugu!" (L. F. Tourinho)

O mesmo sentimento que tenho ao ver a Rede Globo vendendo CDs evangélicos tenho em ver os padres da moda, com batas brilhantes, dançando em palcos iluminados e conclamando o povo a bater palmas para Jesus.

Trata-se de uma infantilização banalizadora da fé e, mais do que nunca, um reforço sem igual do conservadorismo mais velhista, que as instituições religiosas cultivaram ao longo dos séculos.

Se, por um lado, a aparência de modernidade encanta, por outro, esconde o rosto real de uma fé clerical, institucional e pouco evangélica.

Como evangélico, não posso nunca deixar de protestar contra os desacertos da prática religiosa; como ecumênico, preciso dialogar, inclusive, sobre as mazelas da fé; mas, acima de tudo, por força de uma experiência teologal, não posso ignorar que a música gospel (evangélica ou católica) da atualidade é, sim, lamentavelmente, o uso indevido do nome de Deus!

> “
>
> **SE, POR UM LADO, A APARÊNCIA DE MODERNIDADE ENCANTA, POR OUTRO, ESCONDE O ROSTO REAL DE UMA FÉ CLERICAL, INSTITUCIONAL E POUCO EVANGÉLICA.**

34. CASTIDADE, HOMOSSEXUALIDADE E PEDOFILIA

Não é de hoje que se ouve falar em escândalos de natureza sexual envolvendo personagens do clero católico. E, nesse tema, estão as discussões sobre celibato, homossexualidade e, tristemente, pedofilia.

Acredito que sejam coisas distintas entre si e mereçam ser tratadas separadamente, embora nem sempre a linha tênue que as separa seja clara o suficiente.

O homem e a mulher religiosos, na Igreja Católica, fazem três votos básicos no ingresso de sua vida institucional: pobreza, obediência e castidade. É como uma entrega radical à instituição e àquilo que ela representa em termos de doutrina. Até aqui, nada de problemático em si. O problema está, me parece, na vivência concreta dos votos.

Se é verdade que se pode viver em obediência às autoridades constituídas como quem vive em acordo com ideais que essas autoridades representam, é verdade também que a desobediência está no cerne da vocação religiosa. Desobedecer significa, em última análise, reconhecer a falibilidade da instituição e lutar pela preservação do que a instituição deveria representar, mas escapou de seu testemunho. Mau é quando a obediência silencia o senso crítico em nome da preservação de uma carreira.

Se é verdade que se pode viver em pobreza como gesto profético diante da absurda comercialização da vida e de seus valores mais seminais, é verdade também que mora dentro de cada ser humano uma fonte inesgotável de desejo e empreendedorismo. Ruim é quando o voto da pobreza inibe esse espírito realizador e acomoda a pessoa numa entrega resignada a uma instituição provedora, mas castradora.

Se é verdade que se pode viver em castidade e, nessa decisão livre de cada indivíduo, fazer uma experiência mística de sublimação em nome do Reino, não se pode perder de vista que o celibato será sempre uma diminuição. Se o for por uma decisão consciente e sabedora da entrega radical que exige tal experiência mística, não haverá problemas. Mas se houver um recalque mal elaborado, emergirão desequilíbrios atrozes.

Sobre isso, uma séria questão é que a Igreja católica não integra, verdadeiramente, a dimensão do feminino nos seus quadros sacerdotais; ao contrário, o faz objeto de tentação e de permanente suspeita. Como a sexualidade é um dado antropológico de base, não se pode negar a qualquer um que seja a sua experiência. E isso não se faz cortando um polo da equação masculino-feminino. O efeito dessa parcialidade é que muitos distorcem e tornam obsessiva a sexualidade. Daí torna-se possível a ruptura do voto e abre-se a possibilidade para desvios sérios. O celibato é uma castração que só ganha sentido se for assumida como causa em razão do Reino e como completa disponibilidade aos demais. Mas será sempre uma castração, uma diminuição. Bem vivido, o celibato não é um voto de desamor, mas de superabundância de amor por causa do Reino e de Deus. Isso implica uma mística profunda (que não é encontrada em todas as pessoas), caso contrário, o celibatário viverá triste, ansioso e cheio de desejos. Sem falar na absurda ausência da companhia conjugal, da família e do afeto.

Não considero que a castidade seja subterfúgio para o aparecimento da homossexualidade. Tal experiência é um ingrediente da vida humana em si. Há quem considere como pecado ou transgressão. Mas o fato é que a capacidade humana de amar e se entregar ao outro é maior e mais abrangente do que a relação macho-fêmea. As pessoas se amam, e isso não obedece à regra pré-estabelecida pela biologia, por exemplo.

As questões que se colocam são: em que grau a exigência irredutível do celibato inibe vocações genuínas entre os que não se sentem preparados para tal vida? E, ao mesmo tempo, incentiva vocações discutíveis dos que terão um salvo-conduto social dentro de uma instituição que reprimirá relações entre homens e mulheres em benefício de convivências prioritariamente entre pessoas do mesmo gênero?

As igrejas – e nesse caso, inclusive, as evangélicas – precisam ter claro o que pensam e querem no tocante à questão da sexualidade humana. Se condenam como pecado o homossexualismo, que se munam de argumentos sólidos e convincentes e encontrem uma maneira de conviver numa sociedade cada vez mais desejosa de tolerância e respeito. Se não veem problemas nessa forma de experienciar a vida afetiva-sexual, que se munam de coragem e encarem a questão. Mas que não se escondam atrás de textos e dogmas velhos que mais oprimem que qualquer outra coisa. Que não condenem ao silêncio e à clandestinidade muitos de seus filhos e filhas que genuinamente querem servir a Deus (dentro ou fora da Igreja).

Que não se confunda, porém, nada disso, com pedofilia. Que fique claro que, da mesma maneira que é lícita a opção sexual de cada indivíduo, bem como sua condição psicossexual, é criminosa e imoral a usurpação que membros dos cleros das muitas igrejas fazem da credibilidade que suas instituições gozam junto às famílias. Crianças e jovens são confiados aos cuidados educacionais e catequéticos do clero e devem ser respeitados na sua integridade psicológica, afetiva e corporal. O abuso sexual de crianças e jovens é crime e como tal deve ser encarado. Bem como é crime acobertar crimes de terceiros.

Não acredito que haja conexão lógica entre castidade, homossexualidade e pedofilia. O que há é um denominador comum entre os três: a sexualidade. Se a castidade ou a homossexualidade (ou qualquer outra forma de experiência da sexualidade) forem vividas de forma mal resolvida, elas podem eclodir negativamente, a ponto de uma de suas excrescências poder ser o crime da pedofilia. Mas, ainda assim, sempre sendo crime. Nada diferente disso.

É possível ser celibatário sem qualquer realização homossexual da afetividade, embora isso não seja necessariamente regra. Acredito em vocações genuínas de indivíduos homossexuais, mas que optaram, como fazem os demais, por se absterem de sua vida sexual em nome da vida religiosa.

É possível, ainda, que haja autêntica vocação religiosa que discuta a castidade. O que deve estar presente, em qualquer um dos casos, é a honestidade de colocar sobre a mesa a verdade dos fatos.

É factível que haja crimes de pedofilia entre celibatários e entre homossexuais. Mas não vejo que isso ocorra porque são um ou outro. O crime de pedofilia não tem nada a ver com homossexualidade ou com castidade. Tem a ver com uma mente doente.

O fato é que vivemos uma sociedade que negocia o corpo. Um tempo que faz da corporeidade humana um produto que se compra e se vende. O corpo de crianças e jovens se torna, com isso, produto virgem cobiçado por consumidores mais exigentes – leia-se psicopatas!

Não é a Igreja a responsável pela pedofilia na sociedade, tampouco é ela a única praticante de tal atrocidade. A sociedade que construímos é pedófila. Há pedofilia dentro de casa, da escola, dos consultórios.

O pecado da Igreja está no fato de negar ao seu clero a possibilidade de experimentar a radicalidade do encontro sexual como um ingrediente inerente à realização humana. Pecado que se desdobra numa vivência forçada da castidade. O pecado mortal, todavia, ocorre quando, em nome da manutenção da instituição, os crimes doentios são camuflados e jogados para debaixo do tapete. Isso, sim, é inadmissível.

Quem sabe chegará o tempo em que as igrejas (todas elas) irão reconhecer na vocação um espaço de realização do indivíduo que se dispõe a viver para os outros e descubra que a experiência da sexualidade faz parte dessa radical vivência – independente de seu colorido homo ou heterossexual.

Quem sabe surgirá uma era em que as pessoas serão vistas não pela sua opção ou condição sexual, mas pela sua sincera motivação no que tange à sinalização da presença de Deus no mundo.

Quem sabe amanhecerá o dia em que não se tolerará qualquer crime que seja, em nome de qualquer deus que seja!

> “
>
> **BEM VIVIDO, O CELIBATO NÃO É UM VOTO DE DESAMOR, MAS DE SUPERABUNDÂNCIA DE AMOR POR CAUSA DO REINO DE DEUS.**

35.POR QUE CRISTÃOS SÃO CAPAZES DE FAZER VISTA GROSSA PARA TORTURA?

A experiência religiosa tem, pelo menos, três níveis. Um que é cultural, com a qual os grupos se identificam; em que o indivíduo se sente pertencente. Outro que é institucional, com a qual nos distinguimos uns dos outros dentro do grupo social; uns são espíritas, outros cristãos, uns umbandistas e outros sem denominação específica. E há um nível existencial; um jeito de experimentar a religião; algo que se pode denominar fé, espiritualidade ou muitos outros nomes próprios de cada cultura e cada instituição.

Não há necessariamente relação entre esses três níveis. A pessoa pode ter uma experiência existencial, e, ao mesmo tempo, pertencer a uma instituição e a uma cultura. Pode ser que essa experiência seja de outra cultura e numa instituição desconhecida da maioria. Ou que haja uma experiência sem instituição delimitada. Ou que haja pertencimento ao grupo social determinado e adesão a uma instituição específica, mas que não haja experiência espiritual genuína.

Nessa seara, as fronteiras são repletas de pontes e muros. Os rótulos dizem pouco. As experiências são imponderáveis.

Uma realidade, entretanto, perpassa culturas e instituições. A fé vívida ultrapassa as cercas dos dogmas. Em geral, em todas as famílias religiosas, há santos, profetas, médiuns e fakires que se destoam da multidão. Não porque tenham esses nomes (até porque em geral não se reconhecem assim), mas porque se destacam pela genuinidade e pela radicalidade de sua espiritualidade. Não raro, são taxados de loucos.

A relação entre religião e política, no entanto, se dá nos níveis cultural e institucional. Não há experiência existencial nesse casamento. Historicamente, houve estados inteiros cristãos ou islâmicos; instituições que oficialmente aderiram a esse ou àquele partido. Diferente, todavia, é engaiolar a liberdade corajosa dos profetas sem qualquer dependência institucional, por exemplo. Aliás, mais que isso, difícil é submeter a fidelidade profética a um eventual pertencimento institucional. Natan foi o profeta oficial do trono de David. Mas nem por isso deixou de denunciá-lo quando necessário: "Tu és esse homem".

A crítica que se faz ao engajamento de determinadas lideranças ou de segmentos inteiros de determinado grupo religioso a esse ou àquele candidato, a esse ou àquele conjunto de valores políticos e éticos (com os quais parece haver contrariedade com as bases doutrinárias fundantes de determinada religião) só faz sentido se se parte do princípio de que todo o conjunto de crentes tem uma genuína experiência espiritual. E isso não é fato.

Fosse assim, não teria morrido na cruz apenas Jesus. Ao menos seus 11 discípulos mais próximos teriam também sucumbido. Talvez a multidão dos que foram alimentados por ele ao longo de seu ministério. O enfrentamento ao sistema por ele empreendido seguramente traria mais vítimas naquele primeiro momento. Mas só ele padeceu. Foi somente depois da fé em sua ressurreição – experiência que impactou radicalmente aqueles primeiros cristãos (que sequer instituição possuíam) – que a coisa mudou as mentes, e as cabeças começaram a rolar.

O cristianismo nasceu como experiência existencial de radicalidade da Cruz. O que era instrumento de tortura do Império tornou-se símbolo de quem se insurgiu contra as armas de morte.

Ser cristão – existencialmente – supõe essa mesma denúncia e essa mesma entrega. Por isso, e contraditoriamente a isso, há tantos cristãos em apoio a sistemas ideologicamente orientados para a morte. Porque ser cristão não é mais tomar uma cruz e seguir ao Cristo, mas tomar a forma de uma cultura carcomida pela ganância e de uma instituição prostituída pelo poder.

Mais do que isso: a cruz deixou de ser símbolo da denúncia dos pecados desse mundo, deixou de ser a absoluta solidariedade com os que sofrem e, passou a ser, ela mesma, instituída e naturalizada como algoz desse tempo que chamamos de presente.

> “
> **A FÉ, VÍVIDA, ULTRAPASSA AS CERCAS DOS DOGMAS.**

36. O QUE SE DEVE COMBATER SÃO OS FANATISMOS; NÃO AS RELIGIÕES.

"Se alguém mata uma pessoa é como se tivesse matado toda a humanidade. Se salva uma vida é como se tivesse salvado toda a humanidade." (Alcorão 5.32)

A citação é uma tentativa de mostrar que, apesar de certo preconceito que há na atualidade com relação aos muçulmanos, a tradição religiosa islâmica tem textos preciosos e que pregam a paz.

Aliás, isso ocorre em várias tradições religiosas espalhadas pelo mundo, ao longo da história. As religiões revelam o que há de melhor (e também o que há de mal) no ser humano. Todas.

A Bíblia, por exemplo, que parte da tradição de judeus e cristãos, tem esses mesmos exemplos. Positivos e negativos. Mas nem por isso deixamos de crer nela como Palavra de Deus. Porque assim nutrimos nossa fé.

Considero que o desafio que temos diante de nós, todos os dias, é o exercício de uma leitura contextualizada e que saiba atualizar o texto. Ou seja, compreendê-lo como fruto de seu tempo e lugar histórico, e capaz de interpretá-lo sem impingir um literalismo que acabe por empobrecer o texto e sua mensagem.

Na Bíblia também há textos lindíssimos e inspiradores. Mas há textos que, vistos ao pé da letra, sem a devida compreensão de seu contexto, podem ter interpretações muito complicadas.

Cito apenas dois casos para exemplificar:

"Ó cidade de Babilônia, destinada à destruição, feliz aquele que lhe retribuir o mal que você nos fez! Feliz aquele que pegar os seus filhos e os despedaçar contra a rocha!" (Sl 137, 8-9)

"E quanto àqueles meus inimigos que não quiseram que eu reinasse sobre eles, trazei-os aqui, e matai-os diante de mim. E, dito isto, ia Jesus caminhando adiante, subindo para Jerusalém." (Lc 19, 27-28)

Apesar disso, diante desses textos difíceis, debruçamo-nos sobre eles e tentamos compreender sua mensagem. Fazemos assim porque os respeitamos e sabemos que nos edificaremos com eles.

Sinceramente, acredito que esse seja o mais adequado a fazer diante dos textos de diferentes tradições que não a nossa.

Outra duas questões:

1. Nossa mídia se esforça por mostrar apenas o lado fanático dos muçulmanos – enquanto a história da humanidade está repleta de casos de cristãos matando e se matando em nome de Deus (durante a Idade Média e na Irlanda contemporânea, por exemplo).

2. Sobre Lei e Graça, a questão não se circunscreve apenas aos AT e NT, pois em ambos os testamentos há experiências de legalismo e de gratuidade. Isso merece uma reflexão própria.

Enfim: o que se deve combater são os fanatismos; não as religiões.

37.PROTESTANTISMO: CONTRADIÇÕES, DENÚNCIAS E UTOPIAS

Passados quinhentos anos, fica claro que a Reforma de Lutero – e as tantas outras – seguramente colaboraram na construção do ser moderno, daquilo que distinguimos como ocidental e, principalmente, do que identificamos por cristão. Do ponto de vista político, as 95 teses em Wittenberg demarcaram os primórdios das muitas rupturas ocorridas em relação ao centro do poder em Roma. Do ponto de vista teológico, o conteúdo das teses e os desdobramentos doutrinários do pensamento luterano preconizaram uma forma nova de experimentar a espiritualidade cristã – profundamente intrincada com a filosofia humanista, com a arte renascentista, com a ética capitalista, com a política dos estados nacionais e com a espiritualidade leiga.

A Reforma é, ao mesmo tempo, causa e consequência desse novo tempo que se instituía – a Modernidade. Foi Max Weber quem conseguiu exprimir bem uma face dessa relação no clássico *A Ética Protestante e o Espírito do Capitalismo*. Com o advento do protestantismo, a cultura católica dominante sofreu uma profunda transformação: a lógica do perdão por meio de indulgências compradas, a proibição da usura e o elogio do ócio foram convertidos pela ideia de que a salvação é fruto exclusivo da providência divina, que, por sua vez (e esse detalhe é fundamental para a compreensão) enxerga no trabalho humano a face de sua vontade. Para o protestante, o trabalho enobrece, pois é parte de uma rotina que o afasta do pecado. Essa mudança no comportamento social suscitaria uma abrupta mudança no cenário econômico. Se o católico trabalhava para viver, o protestante vivia para trabalhar.

Obviamente, o modo de vida baseado na fé protestante contribuiu para o acúmulo de capitais e para as exclusões decorrentes dessa visão egocêntrica da realidade. Mas inspirou no indivíduo o sentimento de quem se enxerga como capaz de gerir sua própria vida. É a permanente tensão entre egoísmo e autonomia. Há, todavia, outros fatores indispensáveis para a compreensão da Reforma que passam pela reflexão, por exemplo, sobre o "sacerdócio universal de todos os cristãos" – doutrina que relativiza o lugar dos sacerdotes e fragiliza o poder social da Igreja; e, ainda, a reflexão a respeito dos "solas" (*sola scripitura, sola fide, sola gratia*). A escritura como uma única fonte formal da doutrina – o que fragilizava o espaço da Igreja institucional. A fé como único meio de adesão à obra realizada por Deus na vida humana – que concedia radical autonomia ao indivíduo (que passava a ser visto como alguém com comunhão direta com Deus, sem as intermediações de uma instituição). E, notadamente, a graça de Deus que, sem qualquer merecimento humano, age em benefício da pessoa.

O surpreendente nessa estrutura é que, em certo sentido, a graça relativiza as anteriores. Independente de uma doutrina escriturística ou da adesão por meio da fé, o cristão protestante tem sua espiritualidade calcada numa visão mais livre de Deus – uma divindade que ama graciosamente e outorga benefícios aos seus filhos por pura liberalidade, generosidade e amorosidade. Se é verdade que a doutrina da graça precisa ser lida ao lado do conceito de justiça (para não se cair numa visão irresponsável da existência), é verdade também que faz com que se rompa com o ciclo opressor das relações de causa e consequência. Pela lógica da graça, a vida e a liberdade humana ganham autonomia. Por isso, talvez, o próprio desenvolvimento do protestantismo tenha, passo a passo, se afastado dessa tese germinal da graça. A instituição não suporta essa dinâmica da absoluta liberdade. Na gênese do protestantismo, está uma visão profundamente revolucionária de Deus – pautada pela graciosidade. E essa teologia muda radicalmente a antropologia. O ser humano passa a ser considerado sob a lógica da liberdade. Deus e o ser humano se encontram e se experimentam mutuamente, na livre comunhão. Nessa forma de ver as coisas, habita potencialmente a principal característica da modernidade: o individualismo, com suas contradições e seus desdobramentos políticos (democracia), econômicos (liberalismo, socialismo), jurídicos (estado de direito), sociais (educação, cultura) e psicológicos (egoísmo, autoconfiança).

Os protestantes foram assim denominados em razão do protesto de Lutero perante a instituição romana. Há, todavia, mais que isso em pauta: protestar é um ingrediente humano por excelência – que é impossível de ser contido por qualquer instituição. E só há impulso para o protesto quando ocorre, ao mesmo tempo, insatisfação com o atual estado de coisas e fé em sua transformação. Por isso, hoje, os protestantes não estão necessária ou exclusivamente nas igrejas protestantes (que não podem ser confundidas com determinadas expressões institucionais do cenário evangélico brasileiro), mas em todos os cantos onde há gente reclamando por uma sociedade de solidariedade e justiça social – mesmo sem o colorido próprio da fé religiosa.

Do mesmo modo que as instituições religiosas têm se esforçado por matar as sementes do protesto, é fato também que há protestantes entre crentes, agnósticos e ateus. E isso é muito bom. Afinal, a vida exige uma fé genuinamente protestante: que saiba, ao mesmo tempo, promover a denúncia e alimentar a utopia.

Assista ao vídeo correlato ao assunto:

38.ELEIÇÕES: FÉ E ALGORITMO

Eleições no Brasil e discurso religioso (especialmente o evangélico), já há algum tempo, vêm tomando conta dos palanques (ultimamente também ocupados por pastores).

Na mão e no imaginário desses personagens, a Bíblia. Uma espécie de símbolo de identificação. Votar, em vez de ser um exercício de cidadania, tem sido um instrumento de captura do Estado por setores específicos.

Nada diferente do que já não ocorra há séculos no país – com grupos econômicos dominantes e mesmo com setores mais conservadores da Igreja Católica. A diferença agora é o simbolismo: a Bíblia na mão e os versículos no discurso.

Tem a ver com o ideário do protestantismo de missão aportado no Brasil, no século XIX, e que ganhou forças no século XX com a emergência do (neo) pentecostalismo. A missão é converter o Brasil.

Não há, todavia, que se pensar que, pelo fato de ser a Bíblia o livro sagrado para a maioria dos fiéis (católicos e evangélicos), que seja ela também a inspiradora desses discursos eleitorais, e que sejam esses mesmos discursos pautados em valores condizentes com o Evangelho de Jesus.

Primeiro, porque não há qualquer diferença entre a maioria dos políticos evangélicos e a maioria dos políticos tradicionais. O velhismo político de uns e de outros é o mesmo. Discursos pautados no que a maioria quer ouvir, beneficiamento de setores específicos (e já privilegiados) e esquemas que, não raro, se confundem com corrupção.

Segundo, porque a Bíblia é uma coletânea de textos de tempos e lugares muito distintos dos nossos e cuja pluralidade interna é passível de interpretações e apropriações muito diferenciadas. São as contradições inerentes a um texto tão antigo e tão diversificado.

Não se trata de a leitura ser mais ou menos ao pé da letra. É, antes, uma questão ideológica. Imaginar que o fundamentalista lê a Bíblia sem fazer concessões às metáforas e mitos não é exatamente a realidade. Há textos que são lidos literalmente. Há outros que são atualizados e ponderados. Mais importante de o que o fundamentalista lê é o como ele o faz. A partir do que ele se baseia e se move.

Retrato disso é a agenda atual que subjaz o discurso religioso na política brasileira. Pautas como uniões civis homossexuais, descriminalização do aborto, porte de armas, imigração e refugiados, escola sem partido, ideologia de gênero são vistos pela perspectiva conservadora – talvez, pior, pela visão mais retrógrada e preconceituosa que há. Basicamente, assume-se como verdade um determinado conjunto de ideias pré-estabelecidas e se recusa a discutir e problematizar as questões.

Ao negar a reflexão sobre esses temas, as representações

religiosas, mais do que garantir a doutrina, se distanciam da realidade contemporânea e contribuem para o retrocesso. Em nome de valores e verdades que o povo acredita cegamente serem absolutos (porque assim foram catequizados), cooperam essas lideranças para o fechamento cada vez maior da sociedade. É uma cruzada rumo ao passado, ao obscurantismo.

As últimas eleições contaram, ainda, com um ingrediente novo: a regulação do uso das redes sociais. Para os 110 milhões de usuários ativos no Facebook, por exemplo, os candidatos puderam patrocinar seus posts.

Partindo do princípio que, por uma mesma quantidade de dinheiro, a rede entregue as publicações de forma igualitária para todos os usuários possíveis, a pergunta que surge é a seguinte: que critérios são utilizados para a escolha de alguns perfis em detrimento de outros?

Em outras palavras: estamos nas mãos de algum algoritmo cuja inteligência (artificial?) não se sabe exatamente que critérios usa e que preferências assume?

Por isso, baseado na hipótese de que pouca gente acredita de verdade no que se lê e no que se vê nas redes sociais, é que hoje, mais do que nunca, fazem diferença o testemunho pessoal e o depoimento sobre os candidatos.

Parece paradoxal, mas as campanhas, hoje, são vencidas na rua. Fora das redes artificiais. E é nesse cenário que a fé e as convicções pessoais de cidadania são tão relevantes nas tomadas de decisão.

39.O PADRE E A MACUMBA.

Ridicularizar e demonizar os ritos religiosos dos diferentes não é exatamente uma novidade. Sempre houve esse tipo de violência na história. A religião do império da vez sempre se autousurpou o título de verdadeira. E sempre se lançou numa ofensiva contra o diferente. A violência simbólica (e a ofensiva contra os símbolos) é uma arma, por vezes, mais potente que as de fogo.

No Brasil, a relação entre o cristianismo do colonizador e as religiões de matrizes indígenas e, depois, africanas, sempre foi marcada por uma mescla de tensão e assimilação. O sincretismo religioso brasileiro é sinal de tolerância, convivência e, ao mesmo tempo, de violação e violência. Caboclos e orixás, para sobreviverem, tiveram que se converter em santos e espíritos, por exemplo.

Com a chegada dos evangélicos, no século XIX, (e apesar de compartilharem de uma mesma matriz cristã), a relação com os católicos foi forjada à base da negação e do ódio. Ser evangélico era sinônimo de ser, antes de qualquer coisa, anticatólico. E, ainda, "anti-qualquer-religião-que-não-fosse-evangélica". Por isso, tanta obstrução e proibição no jeito de ser evangélico por aqui era, no fundo, uma negação da cultura brasileira como um todo.

Os neopentecostais mais recentes – apesar de serem visivelmente subsidiários das simbologias mais profundas da religiosidade popular brasileira – constroem seu discurso na mesma toada de guerra e de combate às expressões afro-brasileiras.

Curiosamente, nas últimas décadas, setores do catolicismo nacional têm se aproximado muito desse jeito de ser evangélico. Não faltam padres de televisão com discursos muito agressivos e extremamente conservadores. Na mesma esteira do Padre Quevedo, que violentamente procurava destruir (com ares de ciência, inclusive) o espiritismo kardecista, o padre Fábio de Mello fez considerações muito infelizes e preconceituosas sobre as oferendas religiosas da umbanda.

A mesma intolerância que se vê no dia a dia nacional no que tange à política, por exemplo, se enxerga nas múltiplas experiências religiosas dominantes. Um discurso que incentiva o combate, a guerra e a vitória ao custo da derrota alheia. O que mais se vê é religioso defendendo uso de armas, pena de morte, redução de maioridade penal, negação de direitos fundamentais, boicote às políticas afirmativas. Além, é claro, de chacota com a fé alheia. Numa palavra, tem crescido no Brasil uma religiosidade que, em nome do Evangelho, nega-o sistematicamente.

O sermão do Padre Fabio de Mello em 2018 – que viralizou por conta de sua deflagrada intolerância e desrespeito com a fé dos que comungam religiões africanas – foi um exemplo a mais nesse cenário absurdo que o país está mergulhado. Além de fazer deboche com a espiritualidade alheia, esqueceu-se de que sua própria fé (como a minha também) é repleta de sincretismos e crendices tão questionáveis quanto à de qualquer outra religião.

Apesar de ser uma pessoa culta, ilustrada e de bom trato, o padre caiu na armadilha da fama e da superexposição, e se entregou como um difusor de ideias muito reacionárias. Acabou vítima de ter que prestar contas pelo lugar que ocupa numa sociedade ainda muito marcada pela lógica de senhores e escravos. E o fez pelo lado fácil: negligenciando o outro e incentivando o desrespeito.

É isso que ocorre quando não se toma uma posição clara em relação ao outro. Quando o discurso serve apenas como retórica e não como posicionamento a respeito da vida e em respeito a ela.

No entanto, precisa-se reconhecer, o padre foi absolutamente consequente e coerente com valores maiores do evangelho que prega. Veio a público e humildemente pediu perdão pelas bobagens ditas na pregação. Afinal, dizer o que ele disse, às vezes, é ceder às tentações da superexposição. Mas reconhecer o erro e pedir desculpas é sinal de sabedoria, grandeza e, acima de tudo, de conversão.

O episódio do padre sobre a macumba ajuda a compreender o tipo de sociedade em que vivemos e os tantos desafios que temos pela frente. Preconceito, violência e ódio só podem ser superados por sabedoria, coragem e perdão. Sem isso, não há cristão que seja salvo.

> **"**
>
> **O SINCRETISMO RELIGIOSO BRASILEIRO É SINAL DE TOLERÂNCIA, CONVIVÊNCIA E, AO MESMO TEMPO, VIOLAÇÃO E VIOLÊNCIA.**

40.RELIGIÃO, MÍDIA E IDEOLOGIA.

A religião de Israel se forjou a partir do diversificado sincretismo de povos e crenças que aprenderam a resistir ao poder opressor das cidades e reinos do Antigo Oriente Próximo. Essa foi, grosso modo, sua gênese. Uma coalizão de resistência.

Apesar de haver, ao longo da história, a tendência de se institucionalizar, Israel preservou boa parte da energia original que o fez peregrino pelo deserto. Apesar de sua divindade, seus sacerdotes, seus edifícios e sua dinâmica social, essa mesma expressão religiosa se construiu sempre na contramão da institucionalização. Aliás, o que se preservou dela foi exatamente essa vitalidade clandestina.

Deus não tinha nome. Reis e sacerdotes eram questionados permanentemente. Profetas (mesmo sem esse título) nem sempre eram ouvidos.

Havia, claramente, por outro lado, forças pró e forças contra o sistema institucional político, econômico e religioso. Essa tensão preservou-se nos mitos e nos ritos.

A Bíblia é fruto dessa vitalidade histórica. Instituição e clandestinidade habitam, paradoxalmente, os mesmos espaços e vivem em permanente tensão.

Apenas a título de ilustração, em hebraico, o termo "heikal" significa, ao mesmo tempo, templo e palácio. Os reis e os sacerdotes dividiam espaços geminados. Isso porque, desde sempre, está na essência das religiões a intrincada e promíscua relação com o poder e suas seduções.

Talvez seja por essa razão, por outro lado e por exemplo, que o chamado profeta Ezequiel tenha usado um outro termo para se referir a Javé como "santuário" (diferente de templo) para o povo na situação do Exílio. Não se tratava mais de um prédio, mas uma experiência de santidade junto a Deus. Talvez seja por isso que Jesus tomou o chicote nas mãos. Talvez seja por isso também que o Cardeal Arns tenha, logo que assumiu o arcebispado de SP, vendido o Palácio Episcopal e, com os recursos, construído creches.

Acredito que coisa semelhante ocorra em outras religiões. O cristianismo tem essa mesma dinâmica. Há Constantino e há Francisco. O islamismo também. Há sua história e a forma como o Ocidente pinta sua história. Fenômeno similar deve ocorrer com as religiões de matrizes africanas, asiáticas ou orientais.

O fato de a religião de Israel e seus subprodutos (judaísmo, cristianismo e islamismo) ainda influenciarem tanto tem a ver, exatamente, com essa ambiguidade "instituição *versus* resistência". E com a forma como se tornou dominante no Ocidente.

O caso de Jesus é típico. Um judeu de tradições consistentes que, ao mesmo tempo, revelava-se absolutamente livre e crítico das amarras opressoras da instituição. "O sábado foi feito para o ser humano".

O desafio, nesses cenários complexos, é a capacidade que desenvolvemos de compreender a dinâmica e relatividade dos processos. Nada "é" ou "não é", simplesmente. As coisas "estão".

Isso talvez seja uma boa ferramenta para ajudar no discernimento sobre o atual estado de coisas no Brasil e no mundo. A tênue fronteira entre os discursos do palácio e o das ruas é sintomática dessa complexidade. Há uma zona cinzenta em que a tomada de partido é delicada e, não raro, equivocada.

Atualmente, todavia, além das religiões em si, a mídia ocupa um lugar especial nessa formação de consciências. Ou seja, os discursos ideológicos dos templos foram potencializados nos jornais, nas novelas e no entretenimento. Estamos absorvidos pela sedução das narrativas construídas pela TV e seus meios auxiliares.

E aqui reside parte do problema: a instituição aprendeu a usar o discurso das ruas para seu benefício. Há uma profunda confusão. Não raramente, as ruas andam gritando pelo que almejam as instituições.

Foi mais ou menos isso que ocorreu quando, nas ruas de Jerusalém, o povo pediu por Barrabás.

Assista ao vídeo correlato ao assunto:

"

NADA 'É' OU 'NÃO É', SIMPLESMENTE. AS COISAS 'ESTÃO'.

41.M(ORTE)

Morrem-se múltiplas mortes.
Morte mutilada, maltrapilha, medíocre.
Morte matada.
Morte morrida mesmo.

Muitos morrem moribundos.
Moleques, mucamas, menestréis, ministros morrem.
Morte mínima. Morte máxima.
Mística. Mítica. Minerva.

Muitas mortes mascaram milagres.
Misturam minúcias modestas.
Mesclam memórias monumentais, mínimos mimos.

Moços, mascates, migrantes.
Manobram mérito, mercê
Matreiros.

Mania, mesquinharia, malevolência.
Matam. Morrem. Mortificam.
Murmuram.

Mortes manejam medo.
Monopolizam mágicas.
Maldizem mesmices.
Maximizam matizes.
Ministram manhas.
Mitigam miudezas.

Mortes mórbidas.
Mortes multifacetadas.
Morte. Método. Mercado.
Mortes monótonas, mesquinhas, morosas.
Mortes magnânimas, magníficas, maduras.

Moléstias modestas maledicentes.
Mortes metáforas mudanças.
Mortes midiáticas mercantilização.

Muros movidos.
Murmúrios maliciosos maculam.
Mortes mensuram.
Migalhas mundanas machucam.
Manteiga, milho, mingau.
Medidas minguadas. Miúdas.
Mercado.

Mortes militantes.
Magistrados, marqueteiros, meliantes, militares,
metafísicos, messiânicos morrem. Matam.
Meritíssimos, mendigos, mesmos méritos.

Mortes minimizam maquiagens.
Mortes manipulam mágoas.
Meticulosamente miméticas.
Monossilabicamente más.
Mas...

Morte.
Mistério.
Martírio.

Metamorfose.

Assista ao vídeo correlato ao assunto:

"

MURMÚRIOS MALICIOSOS MACULAM.

Para conhecer outros lançamentos da
In Media Res Editora,
visite seu site:
www.inmediares.com.br/